股票闷，期权旺！

Dull Stocks, Hot Options!

汪昭莹 特许金融分析师

Wong Chiu Ying, CFA

www.dullbooks.com出版

请浏览本网站以获得更多内容: www.ProfitFromOptions.com

Copyright © 2013 Chiu-ying Wong

All rights reserved. 版权所有　不得翻印

ISBN-10: 1480261726

ISBN-13: 978-1480261723

内容

1 导言   1

    为什么要买卖股票期权   1
    这本书的用途   3
    风险和回报   4

2 快速浏览股票期权世界   7

    股票期权简要   7
    股票期权市场   8
    买卖期权的先决条件   10
    買賣期權的先決條件   11
    用不用杠杆   11
    股票期权，相较于股票权证及二元化期权   12

3 股票期权要领   13

    基本合同类型   13
    共同特点   14
    其他期权交易的技术性资料   22

4 影响期权价值的重要因素   33

    当前的股票价格及德耳塔   33
    波幅率   40
    时间值损耗及斯特   46
    股息   48

利率　　　　　　　　　　　　　　48
　　　总结　　　　　　　　　　　　　　49

5　**基本的期权策略**　　　　　　　　　　　51

　　　事先策划　　　　　　　　　　　　51
　　　i.　认购期权长仓　　　　　　　　54
　　　ii.　认沽期权长仓　　　　　　　　65
　　　iii.　认购期权短仓　　　　　　　　69
　　　iv.　备兑认购期权短仓　　　　　　73
　　　v.　认沽期权短仓　　　　　　　　78
　　　vi.　保护性认沽期权　　　　　　　82
　　　vii.　看好跨价组合　　　　　　　　85
　　　viii.　看淡跨价组合　　　　　　　　92
　　　ix.　认沽背向跨价组合　　　　　　96
　　　x.　马鞍式组合及勒束式组合　　　100
　　　xi.　反向铁蝴蝶组合　　　　　　　104
　　　xii.　沽出勒束式组合　　　　　　　106
　　　xiii.　铁秃鹰组合　　　　　　　　　112
　　　xiv.　衣领组合　　　　　　　　　　114
　　　另类期权策略　　　　　　　　　　116
　　　总结　　　　　　　　　　　　　　118

6　**仓位的调整**　　　　　　　　　　　　123

7　**股票期权在资产组合管理中的角色**　　131

8　**结论**　　　　　　　　　　　　　　　139

附录甲　　　　　　中英文词汇对照表

1 导言

为什么要买卖股票期权

既然你正在浏览或已经买了这本书，你大概对期权交易的好处有一些头绪。所以我不会赘述，在下面仅仅简要总结了主要的数点。

不久以前，投资股票很容易。买到好股票，把它们储存在保险箱就是。二十世纪末以来，金融市场变得更加複杂。市场推出各种金融产品供散户投资者选择。全球经济格局也变得更加相互交织。这些都导致公司的盛衰更快速转变，影响股票价格的因素也比以前更难以捉摸。

一些股票的投资者可能会认为，花更多的时间在提高股票投资技巧就足以增长他们的股票投资盈利能力。然而，经验丰富的股票投资者也知道，在某些时间和情况下，市场情绪主导股价走势。仅看2011年你就会同意。

世界经济在2009年和2010年复甦。2011年上半年，亦即从2008年的金融危机中复甦的第叁年，美国股市开始洩气。美国联邦储备局的印钞活动，俗称量化宽松政策一和二，创造了在金融市场上的大量资金（"流资"），允许银行和企业借入廉价贷款来提高盈利。但到2011年，改善的进度已经放缓。失业率没有回落多少。此外，欧元区的债务危机，从希腊，西班牙和葡萄牙定期传出坏消息。这两种力量相互抗衡，自2011年5月导致金融市场失去了方向。

2011年下半年，另一方面，相同的宏观因素却带来一个波动的市场。欧洲负面消息的恶化令金融市场下沉，稍微的好消息及希望不时叫股市微涨。从标准普尔500(S&P500)指数图我们可以看到这个市场指数在2011年下半年变得极不稳定。在2011年8月急剧下降後,标準普尔500每月大摇大摆,跟2011年初的情景不同。

如果你已经拥有那些像在美国上市大公司属於标準普尔500指数的股票,你的回报将可能是类似SPY,一只旨在複製标準普尔500的表现的交易所买卖基金。从SPY以下图表可以看到,你会被迫先忍受在2011年上半年的平淡表现,然後在今年第叁季度足以令胃翻腾的波动,最终发现在2011年12月,你回到开始的地方了。

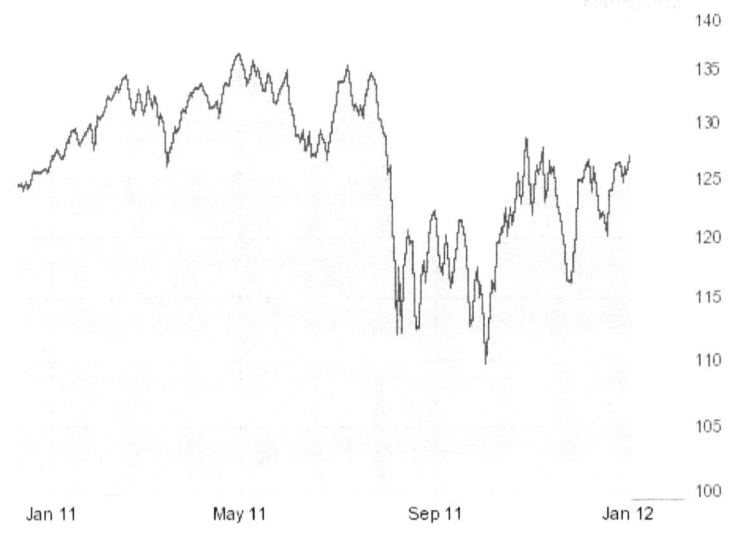

资料来源:雅虎财经

如果你有在并非大市值的股票投资,你很可能经历了更大的波动。对於个别公司的股票,除了一般的市场情况,投资者还必须留意可能显著影响股价的事件,如:在公佈财务业绩前夕,产品公告,及监管法规的变化。大多数的投资者不能够从这些波动中获利。

即使高波动期可能不会持续太久，它仍然是造成心理上的压力，导致一些投资者犯错误。对於股票投资者，动盪时期唯一的好处是如果我们能找到股价底部，并在价格恢复上行之前购买股票。但是，这并不是一件容易的事。一些期权交易策略则可以让股票投资者轻易在高波动时期赚钱，不管股价的方向是什麼。

股票投资者要投资成功，需要确定股票价格要涨的时候。就算当投资者知道在某段时间内股票价格会停留在一个範圍内，他或她也仍然无法赚钱。我们可以使用期权策略，从这些知识获利。

股票期权也可以让投资者以少得多的资金，获得和股票同样的利润，或冒一个小的风险便可从股价下跌赚得收益。

总言之，期权策略给你新的工具，让你在更多的情况下可以赚钱。当有资金和技术的金融机构，在其他人可以看到股票买卖价格之前可以用超级计算机来刮去即使是最薄的利润，在这种时代，我们散户投资者需要把握每一个可以得到的优势。但是，这个世界没有免费的午餐。只有那些愿意花时间来学习如何正确使用股票期权的人可以成功。

这本书的用途

这本书将教你如何思考和衡量期权交易。它让你理解期权交易的机制，从而得以完全使用你的股票投资经验。这本书不是一本教导白痴快速致富的指南。你需要分析你的股票，和评估它的未来。然后，你可以使用从本书中获得的知识来选择最适当的期权策略以达到目标。许多股票期权的书籍会给你像菜单般列出几十款不同的期权策略，每一个策略只有一点点简单的解释，告诉你只需参考期权策略的收益图便能决定哪一个策略是合适。我会说完再说，单独依赖收益图来决定期权策略是一种肯定赔钱的做法。

你将了解股票期权的关键特点，让你可以正确使用最适当的股票期权。

你将学习把注意力集中在选择股票期权策略重要点，好教你用尽不同情况的优势。

你将学习当市场跟你作对时，如何评估一切可行的对策。这将有助你保持冷静，避免你在恐慌时，作出代价高昂的错误。

这本书也会建议一些股票期权在投资组合管理可以扮演的角色。股票期权不应被孤立看待。他们最有效是作为你的股票投资活动的一部分，因为他们的成败取决於你对股价走势的意见，并加强这些意见的回报潜力。你也可以选择一个特定的期权策略，以便修改你的股票投资组合的风险回报，以致你的总资产组合的表现。

它也会触及交易者的心理和心理极限的重要问题，因为我们是人而不是交易机器。

风险和回报

当投资成功时，我们可以得到的，便是回报；投资失败时，最严重的损失被称为是风险，对不对？其实这只是我们在评估一宗可能的交易的风险和回报的一部分考虑。除了从收益或损失的大小，我们也应该关注事件的机会，如最大的收益或损失的情况可能发生的机率。高利润的交易未必非常可取的，如果它实际发生的机会是非常低。相反,交易只涉及少量的损失可能是不低的风险,如果该损失的可能性是非常高。

在这本书中,每一个基本期权策略的详细分析之後,将是一个根据收益方程计算出来最大增益和损失可能的总结框。偶尔,我也会在总结框里列出我认为可能会影响这两个不同结果的发生机会的因素。然而,每个股票都有自己的价格动态,複杂的期权持仓进一步增加预测机率的难度。此外,在期权的有效日期内,其价格可能会与收益方程计算出来的价格有所不同,我在接下来的章节将解释原因。你可以使用总结框来帮助记忆,但永远不要把它视作一个交易的建议。在没有充分考虑到事件的可能性之前,不要被最大的增益诱惑或因为恐惧最大损失而却步。

我们也应注意到,股票的投资者跟期权交易者对"风险"一词使用了不同的含义。对股票投资者,风险是指股价波幅偏离平均收益。如果两个不同的股票,一年的每日平均回报都是0.8%,如果其中之一的股票价格波动经常比平均回报非常高或非常低,它会被视为风险高於另一只价格波动接近平均的股票。虽然有些股票投资者不喜欢这种价格的波动,期权交易者从波动看到了机会。我们将在下一章解释这情况怎样发生。我想在这里说清楚的是,当我们听到"风险"一词,股票投资者和期权交易者可能在说不同的事情。

2 快速浏览股票期权世界

股票期权简要

本书的其馀部分将涵盖了很多有关股票期权的详情，但我认为在这里给你一个关於这种金融产品的粗略的描绘是有用的，好让你在以後吸收更多的资料时能有一个参照蓝图。

股票期权是一个合同，这给期权的买方（也称持證人）以预先商定的价格（称为行使价或履约价）在一个特定的日期（到期日）或之前买进（或卖出）合约所挂勾的相关资产的权利。在到期日後，合同不再存在。为了获得这种权利，买方得在合同开始时支付一笔金额（所谓期权金）给卖方。在开放给公众的期权交易所买卖的股票期权，合同法律上的另一方（对手）是一个期权结算的机构例如像美国期权结算公司(Options Clearing Corporation）。每一个买方与对手进入的期权合同，都有对手和卖方之间的一个相对的合同。结算公司的作用，是确保在合同中作出的承诺会被履行。

期权的卖方有责任应买方的请求以行使价卖出(如果合同是认购期权)或买入(如果合同是认沽期权)合约所挂勾的相关股票。作为承担责任的报酬，期权的卖方会收到期权金。

买方同意购买与合约相关股票的期权被称为「认购期权」或者「看涨期权」。买方同意出售相关股票的期权合约被称为「认沽期权」或者「看跌期权」。

以行使方式来说，期权主要有两种：美式和欧式。这两者之间的区别在於买方在合同到期前可以或不可以行使期权。当期权被买方行使，期权的卖方要兑现承诺。当认购期权/看涨期权的买方行使股票期权，这意味著他/她立即要支付约定的价格以换取期权相关的股票。卖方别无选择，只能收取行使价并交出股票。当认沽期权/看跌期权的买方行使股票期权，卖方将不得不以商定的价格（行使价）从对方买股。美式期权的买方可以随时行使期权，而欧式期权只能在到期日行使。几乎所有在美国期权交易所上市的期权是美式期权。

这本书主要讨论美式期权，虽然许多概念也适用於欧式期权。有些證券经纪可能会允许欧式期权到期前买卖，但估值将有别於美式期权，因为行使特性不同。

以上一节的要点是：

- 期权是寿命有限的金融产品；
- 期权买方和期权卖方之间的关系是类似保险投保人和保险公司之间。买方支付期权金，这样，如果某些事件在合同到期日或之前发生，他们将获得更大的金额。

股票期权市场

股票期权在全世界几乎所有主要金融中心交易所进行。投资者可以跟那些提供国际市场交易的网上经纪开一个帐户，便可以选择投资在美国，加拿大，德国，英国，澳大利亚，日本和香港交易所上市的股票和期权。

美国拥有世界上最大的期权市场。它有九个期权交易所，其中包括芝加哥期权交易所控股公司，纳斯达克OMX集团的PHLX和NOM，国际證券交易所(ISE)，纽约證券交易所證交所的Amex和ARCA。 在2011年在美国上市的股权交易总成交量为42.2亿张合同，比在2010年的36亿张合同成交高峰同增长17.02％。拥有ISE的德意志交易所股份公司跟拥有Amex和ARCA的NYSE Euronext，在2011年年底合併。在2011年7月，他们一起处理所有期权交易的40.3％。拥有C2的电子市场的芝加哥期权交易所处理26.2％，而纳斯达克处理25.9％。

对於正在考虑在美国期权市场或在其他国家期权市场投资的人，我会建议你在美国的期权市场交易，因为它的市场具有卓越的深度和广度。美国期权市场流通量超过其他其他国家期权市场，而且市场信息更容易获得。交易成本也是最低的。交易量低的期权往往有太宽的买入/卖出价差，这将会增加成本（例如，当你买了一个期权後立即想卖，而市场上的买入价格大大低於你所支付的价格）。如果你是居住在美国以外的国家，你应该不难找到在美国的股票和期权市场上市的国际公司。在世界上几乎所有的角落，人们都知道像可口可乐，宝洁和微软等公司。许多在海外设立总部的大公司也在美国股市直接上市或以美国存託凭證（ADR）的形式交易，其中不少在美国期权市场有股权买卖。例子是来自中国的百度公司（BIDU），来自瑞士的瑞士信贷（CS），来自印度的ICICI银行(IBN)等。你应该不会有太大的困难建立这些公司的股票和期权交易的知识库。海外人士想投资美国股票和期权市场的也很方便。如今，有不少总部设在美国或国外的经纪公司，提供帮助海外人士买卖美国上市的股票和股票期权的服务。

买卖期权的先决条件

我会说实话。期权交易并不适合每一个人。如果有人告诉你买卖期权是简单的,你从读一本书或参加一个培训课程可以掌握要领,或订阅电子报,你便可以知道买入或卖出哪一个期权,请不要听信。

如果我们想从股票期权中获利,我们需要非常尊重下行风险。一个期权可以涉及槓桿(我们以後将解释多一点),所以你的收益和损失能够比你已投资的资本巨大。因此,你必须衡量你的承受损失和下行风险的能力,并愿意采取行动来管理它。例如,当股票价格下跌了3%,有些股票期权的值可以下降20%以上。当你买卖期权,你得接受比你在买卖股票时通常会经历的波动的更高程度的不稳定性。

第二,在股票投资,投资者必须熟悉影响其价格的因素。期权也是如此。然而影响期权的因素有别於影响股价的因素:这些额外的因素是与期权这一金融产品的性质有关。在任何一个时间,投资者往往需要同时考虑到多个影响期权价格的因素。没有很多股票,即使经过很长一段时间,会完全失去了其所有的价值,在期权交易中,如果只关注股票的价格而忽视了其他左右期权价格的因素,你可以非常快损失很多钱。因此,投资者必须愿意明白影响股票期权的额外因素。

第叁,你需要有耐心才能从期权获利。这听起来可能违反直觉,因为我刚才讲了期权的值可以很短的时间内快速改变。你可能得到的印象是,期权交易是适合痒手指的人,用几秒钟便要决定买卖。这是只有部分是正确的。股权投资也应该像渔夫,大部分的时间会耐心等待,只有在一定的条件到位,才迅速采取行动。不是说你买卖股票不需要耐心，但这对期权更重要。如果太早买入股票，你可能会放弃10%或20%的增益，相同的错误可能导致期权重大损失。

四，你需要有一份你熟悉的股票名单，让你有机会在特殊事件发生时能迅速决定是否应该和如何投资。许多经验丰富的股票期权投资者只使用不同的策略来重複买卖几只股票的期权，便能在各种股票价格的情况下产生利润。

买卖期权不需要的条件

儘管期权需要你在同一时间注意几个变数，你不必拥有数学博士学位才能投资期权。你只需要记住几个重要变数的基本特徵，谨慎考虑每项投资，以及实施风险管理措施。

用不用槓桿

Investopedia.com对槓桿作用的定义为"使用各类金融工具的或借贷资本，如保證金（又称「孖展」），以增加投资的潜在回报"。换句话说，要获得放大回报的效果，你可以使用类似股票期权的金融工具或者借来的钱。当你使用股票期权来获得槓桿作用，有些股票期权会涉及借来的钱，有些则不会。那些涉及借来的钱（如出售股权）被认为比那些不涉及借来的钱更危险，因为你可能将亏损比你放在桌子上的钱更多。那些不涉及借来的钱（如购买期权），另一方面，则减少你可以赚钱的机会，因为你必须支付一定的进场费用（期权金）。这个世界上没有免费的午餐。

股票期权，相較於认股證(或称股票权證)

一些證券交易所提供认股證(warrants)的交易。虽然认股證的价值也是来自相关的股票，他们跟股票期权是非常不同。两者之间的主要区别是在这种金融产品的供应来源。投资者可以卖出他并不拥有的期权，即是以短仓来开仓。至於认股證，只有发行人可以增加认股證市场供应。这种情况为认股證的定价添加一个额外的关键因素。例如，当有关股票有好消息，其认购期权及认股权證的需求是有可能上升。这可能吸引更多的人出售认购期权，从而缓和期权金价的上升。认股證的发行人可以选择只有当认股證的价格已经上涨到不合理的高度才增加认股證的供应，然後待价格已经返回低位的时候把它买回来。我有没有證据證明认股證发行商实际上这样做，但仅发行人可以控制认股證供应是一个事实。至少，由於这个差异，许多期权交易的策略是认股證投资者无法使用的。

在最近几年，大量分布在世界各个角落的小公司提供二元化期权(binary options)的买卖。不要被其名称中的期权两个字的存在愚弄。他们与普通股票期权的唯一的共同点是其派彩是基于合同的到期日的股票价格。名称中的关键词是"二元化"，这意味着支付的金额是买方和卖方（通常是投资大众和提供该交易平台的公司）之间在合同开始时商定的金额的0或100%。交易以现金结算，没有实物交收。甚至是芝加哥期权交易所（CBOE）也来混这水，尽管他们提供的合同比那些有没有其他证券相关的业务的小公司所提供的更像是普通的期权，有多个行使价和到期日较长，期权金与期权的收益状态的机率有关。

二元化期权的到期时间是很短，通常从几分钟到几小时，在芝加哥期权交易所情况下则是1个月，派彩的金额像一家赌场的轮盘的派彩多于投资回报。例如，你可以订立合同，赌在两小时内，股票的价格将高于目前的股价。如果你赌对了，在芝加哥期权交易所（CBOE）你会每张合约得到一百元，而每份合约支付的期权金是一至一百元之间。如果你赌错了，你会什么都得不到。如果你赌轮盘赌桌上的奇数或偶数，如果你的选择是正确的，你通常会得到100%的奖金。在很短的时间内，股价走势最有可能是随机，而不是遵循任何规则。但是，有些人认为他们阅读走势图的能力可以给他们一个买卖二元期权的优势。我不属于这个阵营，而且我认为很多人都在我的阵营内。

3　　股票期权要领

基本合同类型

期权合约有两种类型：
认购期权(又称「看涨期权」)和认沽期权(又称「看跌期权」)。但是，因为你可以购买或出售期权，实际上你有四个类型可以交易。为了区分期权买方（持权人）与期权卖方（沽权人）的持仓，我们把拥有一个期权合约称为持有长仓，例如：当我们说我们有一个认购期权的长仓，这表示我们正站在一个期权持有人的立场。我们将称期权的卖方立场为期权短仓，如我们有一个认购期权的短仓，这表示我们正站在一个沽权人的立场。期权交易是一种零和遊戏。期权买方的收益将是期权卖方的亏损，反之亦然。因此，当我们说一个认购期权的长仓具有很高的价值，这意味著相应的认购期权短仓将有一个同样大小的负值。

i.　认购期权

认购期权的买方支付一定的费用(期权金)，以换得一个赚取利润的机会。当股票价格在默认的日期或之前(到期日)超过一定值(行使价)，认购期权的买方便可收到一笔款项。换句话说，认购期权的买方希望在股票价格上升时获利。

一个认购期权的卖方以收取期权金作为承受一项风险的补偿。这风险是如果认购期权的相关股份的市场价格在到期日或之前超过行使价，认购期权的卖方便可能要以行使价出售相关股票的股份，以履期权合约。一般来说，认购期权的卖方认为，股价在期权的到期日或之前高于行使价的机会是低的。

ii. 认沽期权

认沽期权的买方支付一定的费用来换取一个赚取利润的机会。当股票价格於到期日或之前低於行使价，认沽期权的买方便可收到一笔款项。一般来说，认沽期权的买方认为股票价格将下降。

认沽期权的卖方收取期权买方所支付的期权金，作为当股票价格於到期日或之前低於行使价，卖方要以行使价购买相关股票的补偿。认沽期权的卖方认为，股票价格在到期日或之前低於行使价是机会不高。

共同特点

如前所述，每个股票期权有行使价和到期日。行使价是预先确定的价格，用来与相关的股票价格比较，以计算期权是否有任何价值。到期日届满後，期权将没有任何价值，而且不复存在。

因此，如果投资者要买卖股票期权，他/她将要选择期权的行使价和到期日，并指定他是愿意在什麽价格（期权金）买/卖期权。

从上述两个股票期权类型的简要说明，期权交易似乎简单：如果我们认为某只股票的价格将上涨，我们会买认购期权;如果我们认为某只股票的价格会下降我们则购买认沽期权。不幸的是，现实是比我们想像的更複杂。期权交易的考虑因素比我们想知道的更多。在後面的章节中，我们将更详细地解释和分析那些较为重要的因素。在这里，我会解释在到期日两种股票期权的收益图和盈亏图。

1. 收益

认购期权的收益(payoff)是当认购期权合同的买方在到期日之前行使期权，或在到期日当日，认购期权根据期权合同的价值。期权收益的计算假定，在到期日之前行使期权或在到期日时，投资者以期权行使价买与期权相关的股票，然後他/她立即在市场以当时的市价出售股份。市价与期权行使价两个值之间的差异便是收益。买方的收益就是卖方的损失。

认购期权的收益公式是：

认购期权的收益 = 取其最高者（（股票价格 - 行使价），0）

简单地说，认购期权收益的方程是股票的现价减去行使价，或零，以较高者为準。

从认购期权的收益公式可以看到，第一，如果股票价格低於行使价，便没有回报。第二，一旦股价超过行使价，收益与股票的价格会同步增加。例如认购期权行使价为30元，如果股价是35元时，期权被行使，收益为5元。如果股价增长到38元，收益会同步增加至8元(38元减去30元)。在任何股价等於或低於30元，收益将是零。

认沽期权的收益是当认沽期权的买方在到期日之前行使期权，或在到期日当日，根据期权合同买方可以得到的价值。它假定期权的买方以期权行使价出售股份，然後立即在公开市场买回售出股票。

认沽期权的收益 = 取其最高者（（行使价 - 股票价格），0）

如果股票的价格是等於或大於行使价，认购期权便没有收益。对於行使价30元的认沽期权，如果股票的价格是26元，而期权被行使，收益将是4元。股票价格倘若等於30元或以上，收益将为零。

收益并不是当你在到期日之前，用於买入或卖出一个期权的价格。期权的价格，除了当时的股票价格外，还受多种因素的影响，这实在是投资期权的关键。例如，当一个期权的收益是零，只要期权不是接近到期日，该期权仍然可以卖一个价钱。

股票价格的变动是最常见的收益和期权价值的差异的诱因。例如当股票价格上升，认购期权的收益会同步增加，但期权的市场价值可以以一个非常不同的金额增加，并在某些情况下，甚至可以走相反的方向。这本书将用不少篇幅及实例来解释这些现象。只有在到期日，我们可以肯定期权的收益和期权的市场价值会趋於一致。

如果期权的买方在到期日之前行使期权，他/她将放弃期权的市场价值，这是他/她如果出售该期权，而不是行使期权，可以得到的金额。由於期权到期前的价值通常高於收益，投资者在大多数情况下，不会在到期前行使股权。这是为什麽在大多数情况下，一个期权的价值是比期权的收益更重要的考虑因素的原因，除非投资者打算持有该期权至到期日。

收益图是一个显示期权在不同股票价格的收益的图表。由於期权收益和期权在到期日的价值是相同，收益图可以看作为显示期权在到期时的价值的图表。我们可以分别从买方或卖方的角度得出一个收益图表。

盈亏图是收益图加上(或减去)期权在交易开始时收到(或支付)的期权金。因此，该图显示了当我们包括其他有关期权买卖的收入和支出後，期权在不同的股票价格被行使或保存至到期日，你的实际收益或亏损。盈亏图就如收益图，不考虑期权如果在到期日前行使的价值。为简单起见，我们假设在这些图表，佣金和其他交易成本是微不足道的，但你应该把他们纳入在自己的盈亏计算内。

认购期权长仓的收益图和盈亏图通常看起来像以下：

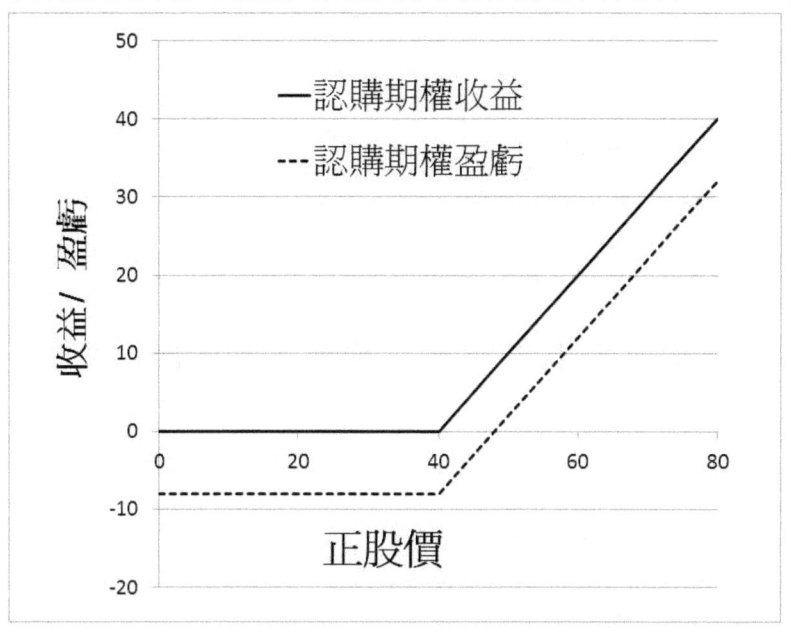

上图显示一个用8元期权金买来有40元行使价的认购期权的（i）收益图及（ii）盈亏图。当股价高於行使价，这个认购期权长仓有一个正收益。然而，要当股价高於行使价加上期权金，即40元+8元=48元，它才会有盈利。

对於认购期权卖方，收益及盈亏图表将是买方的图表的垂直相反。期权的卖方永远不会有一个正收益，但如果股票价格不高於行使价加上期权金，即是48元，他/她将获得盈利，儘管利润最多是期权金的成交价8元。

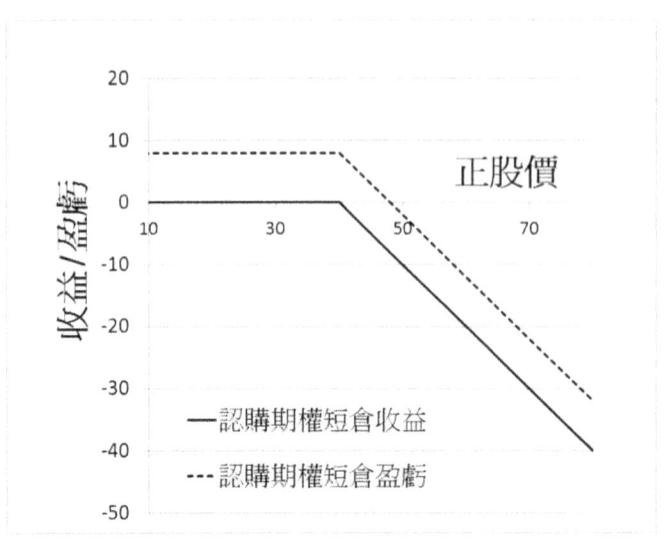

你可能还记得：
认沽期权的收益 = 取其最高者（（行使價 − 股票價格），0）

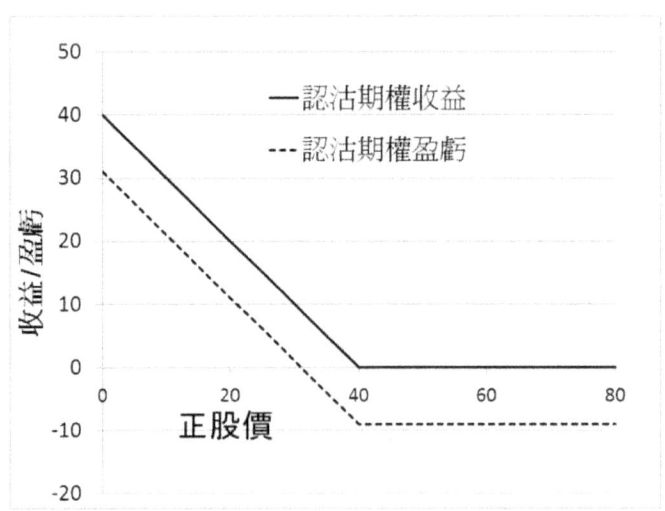

上图包含一个认沽期权长仓的收益图和盈亏图，其行使价为40元而期权金为9元。如果股票价格低於行使价，期权的买方便有正收益。但是，认沽期权长仓只会在股票价格低於行使价減去期权金，即低於40元 - 9元 = 31元，才有利可图。

对於认沽期权的卖方，收益图和盈亏图会看起来像这样：

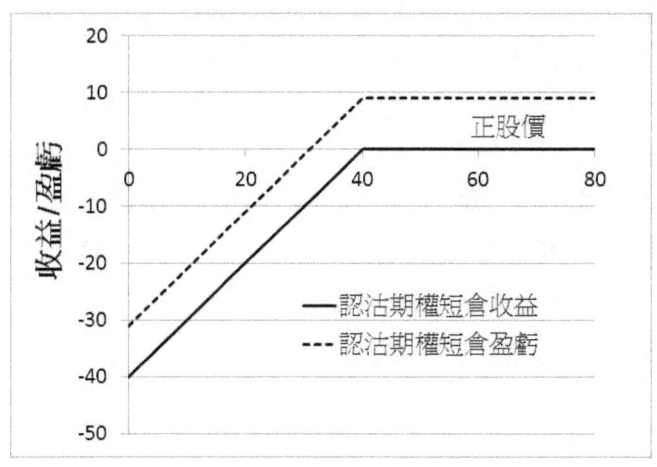

认沽期权的短仓在任何股价都没有正收益。当股票价格低於行使价，它有一个负收益。只有当股价高於行使价格减去期权金，即40元-9元= 31元，它才有利润。

总的来说，每个期权买方和卖方的收益图看起来像对方的垂直镜像。在收益图的左边或右边，它是一条平线。如果股票价格在平线所涵盖的範围内，那麼期权买方的收益为零。在行使价，图形开始成为一个斜坡。如果在期权合约到期时，股票价格在斜坡部分，那麼期权的买方将有正收益，而卖方将遇到相同幅度的负收益。

同样，期权买方的盈亏图是卖方的垂直镜像。然而，期权买方要在期权金得到充分弥补後，才开始有盈利。如果买方的正收益超过期权金的价值，期权的卖方将开始蒙受损失。换言之，期权金可以缓和期权卖方的损失。

2. 期权的收益状况

我们有叁个术语来描述一个期权的不同收益状态。他们的措辞都是从期权买方的角度出发。

价外期权：当我们使用期权的收益公式计算出，期权长仓不会有正收益时，我们会说该期权是价外期权（Out of money，OTM）。对於认购期权，这是当股价低於行使价。对於认沽期权，这是当股价超过行使价。当一个期权对买方来讲是价外期权，该期权的卖方应该心情好，因为情况是对卖方有利。期权的买方将没有诱因去行使期权，因此，卖方很有机会赚取所有的期权金。以一个行使价为40元的认购期权为例，当股价低於40元时，它便是价外期权。如果是一个行使价为40元的认沽期权，当股价高於40元时，它便是价外期权。

等价期权(又称「平价期权」)：当股价等於行使价，期权被称为等价期权（At the money，ATM）。如果期权是等价期权，它可能不会被行使，因为期权没有任何收益。等价期权是处於一个非常微妙的状态，只要任何一个影响股票期权价值的参数经历丝毫的变化，期权状态可以从价外期权改变为价内期权（ITM），反之亦然。期权买家希望看到股票期权从等价期权变为价内期权，而不是从等价期权变成价外期权。

价内期权：当使用期权收益的计算公式，期权有一个正收益时，我们会说，期权是价内期权（In the money，ITM）。对於认购期权，这是当股价高於行使价。对於认沽期权，这是当股价低於行使价。

因为外部因素对不同状态下的期权（ITM，ATM，或OTM）有不同的影响，这叁个术语可以帮助你区分在特定情况下，你想聘用的不同策略。例如，你买了非常深入价内 (deep ITM) 的认购期权，你多数会希望股票价格逐渐上升（而不是一个快速的价格上升），及期权价值的锁步上升（一个利用高德耳塔值的招数，我会在下一章加以解释）。你也不会介意以行使价购买股票额外股份，因为该期权将极有可能在到期日是价内期权而被自动行使。如果你购买了价外认购期权，那麼你很可能期望在不久的将来股价会迅速崛起，（一个利用高波幅的招数），并随时準备在预期的事件发生（或不发生）和到期日之前出售期权。你是不太可能有兴趣购买额外股票股份。

当股价上升（或下降），你会更富有或贫穷？

我们刚才提到，期权长仓的收益是与行使价和股票的现价之间的差额成正比。因此，在期权到期时，期权交易的结果不难看出。

然而，大多数股票期权不会被持仓直到到期日，因为在股票期权的生命过程中有很多获得利润的机会，或者有时可以通过预早平仓而减少损失。

许多期权在到期之前就平仓，即使收益是不理想。为了解释为什麼投资者会这样做，我们需要考虑，股票价格在到期日达到行使价的可能性。股票价格的变化是一个影响这个可能性的重要因素，但还有其他因素存在。如果股价在接近到期日时等於期权的行使价，当然很可能股价在到期日仍等於期权的行使价，但没有人能确定这必然会发生的。如果期权仍然有大量的时间剩馀下来，那麼股价靠拢行使价对预测到期时的期权价值不会太有用。我们将研究这些重要因素。

从盈亏图，你可以看到，如果你是一个期权的买方，从期权交易是否获利当然取决於你在期权合约开仓支付多少，相对当你把你的期权平仓收到多少，或如果你是一个期权的卖方，在期权合约开仓收到多少，相对当你把期权平仓时你支付的多少。因此，在开仓买入或卖出期权之前，我们需要了解期权价格是如何得出来，使我们能够从它在到期前所走的路径获利。

3. 期权的时间值

期权方程计算出期权被行使时或在到期日的价值。这个收益值也被称为期权的内在价值。例如，对於一个行使价是10元的认购期权长仓，如果目前的股价是13元，那麼该期权的内在价值便是3元。在期权到期之前，在交易所买了一个期权的投资者可以以现行价格（市场价格）把期权卖回交易所来平仓；同样地，在證券交易所已售出一个期权的投资者，可以在交易所以现价买回期权来平仓。期权的市场价值和内在价值之间的差额被称为时间值。使用相同的例子，如果这个行使价是10元的认购期权市场价格为4.30元，那麼时间值便是1.30元。

目前股价为9.50元。如果行使价10元的认购期权价格为0.80元，期权的时间值是什麼？时间值是0.80元，因为期权在目前股价是价外期权（OTM)，价外期权并没有任何内在价值，所有的期权价格是时间值，反映市场给予该期权在到期前的剩馀时间内，可以变为价内期权（ITM）的可能性的价值。作为一个温习，在同样的例子，假设它是一个行使价10元的认沽期权，你能计算出期权的内在价值吗？

只要期权合约有时间剩馀，期权的价值仍然可以受到股权收益方程外的因素影响。其中最重要的因素将在下一章解释。

其他期权交易的技术性资料

合约的大小

在美国，一张标準期权合约的基数是100股的相关股票(又称「正股」)。例如，XYZ股票有一个期权报价为1.20元，这意味著期权买方必须支付$1.20乘以100的价格购买一张期权合约。如果是认购期权的买方（即期权"持有人"）要行使期权，他/她得支付行使价乘以100，并获得100股XYZ股票。如果它是一个认沽期权，买方要行使期权，他/她将收到等於行使价100倍的数额，并必须交付100股XYZ股票。

香港的股票期权合约大小是根据股票每手的股数而定。你可以到香港交易所网站查阅详尽的合约细则：

http://www.hkex.com.hk/chi/prod/drprod/so/classlist_so_c.htm

行使期权的规则

股票期权只能由期权持有人行使。这就是说，一个认购期权的持有人可以行使他的权利，以行使价购买有关股票，而认沽期权持有人可以以行使价出售有关股票。对於认购期权的持有人，你要有足够的钱支付股票。对於认沽期权持有人，你需要有相关股票交付给期权的卖方。

如果你想在到期日前行使期权，你应该事先认识你的期权经纪的行使程序，因为不同的经纪有不同的要求。通常，期权经纪会要求你在当天市场关闭前几个小时的通知（经纪人的截止时间）。虽然理论上，投资者甚至可以当期权不是价内期权（ITM）时行使期权，但是没有多少人会这麽做，因为大部分时间这样做是不利的。

如果在到期日你持有的股票期权是价内期权，它有可能被自动行使，视乎你的经纪的期权行使程序。一些经纪选择按照期权交易所的规则，如果期权在到期日是价内0.1元的或以上，将自动行使期权。如果你的认购期权被自动行使，而你没有足够的现金来购买相关的股票，你的经纪人可能借钱给你，但你可能要支付利息。如果你的认沽期权被自动行使，而你没有相关的股票交出，你的经纪人可能会替你借入股票，在股票交出後，你将有一个短仓的股票仓位。如果你的经纪允许，你可能可以提前给特定的指令，不自动行使到期的价内期权。

合约到期日

所有期权的寿命都是有限。一个期权存在的最后一天，被称为到期日。大多数在美国交易所上市的股票期权是在到期月的第叁个星期六到期的。最近，市场出现了一些每週到期的股票期权，但我们让职业炒家享用这些股票期权好了。一般来说，要行使其股票期权的持有人，必须在到期日之前的週五通知经纪，除非期权属於自动行使型，没有通知的必要。如果週五正好是公众假期，期权行使的通知必须在到期之前的星期四发出。由於历史的原因，美国每只有期权的股票在一年内至少有四个期权到期月，每个到期月属於叁个到期週期之一：

一月週期（JAJO） - 一月，四月，七月，十月；

二月月週期（FMAN） - 二月，五月，八月和十一月；

叁月週期（MJSD） - 叁月，六月，九月及十二月；

除了上述四个到期月，市场也提供该股票当前和接下来的一个月到期的期权。

期权指定分配的规则

如果你卖出股票期权，当股权持有人选择行使期权，或当他/她的期权在到期日被自动行使时，你必须满足股权持有人的要求，以行使价购买（如果是认购期权）或卖出（如果是认沽期权）相关股份。另一方面，如果你买卖股票指数的期权，你并不需要提供实际的股票，因为合同是以现金结算，不是实物交收。

通常股票期权的卖家比希望/需要行使期权的期权持有人更多，因此当美国期权结算公司收到期权持有人要求行使期权的通知，它将随机抽出卖方与买方期权配对，以应付期权行使的需求。这一过程被称为分配。如果你是价内期权的卖方，并且你的期权得到了"分配"，那麼你必须履行期权卖家的义务。对於认购期权卖方，这是指以行使价出售相关股份。对於认沽期权的卖方，这代表以行使价购买相关的股份，即使市场价格是较行使价低。同等数额的现金会从你的经纪帐户扣除。

行使价

行使价是期权合约的参考价格。股票期权持有人有权以行使价买进（认购期权）或出售（认沽期权）相关股份的股票。

每个期权系列（即同一股票具有相同的到期日的所有期权）的行使价是由个别交易所设定。他们遵循一些约定，如期权行使价在25元以下，期权行使价有2.50元的区间，而行使价在25元以上的期权，行使价的价格区间通常是5元，但期权交易所可以因应正股股价的变化，或响应市场需求或不寻常的市场条件，引进其他行使价的期权。

2003年，美国證券和交易委員会允许期权交易所限量推出行使价每隔1元的股票期权。据交易所称，该方案是一个重大的成功。交易量和流动性比以前高得多。这个结果令人惊讶吗？我不认为是。对於市价低的股票，区间为2.50元简直是太大了。如果一只股票的价格为5元，最接近的行使价只有2.50元，5.0元和7.50元。如果你认为股票价格在一个特定的时间内将下降到3.50元，你会买卖这些股票期权的任何一个吗？你要麼得买在未来将成为深价内的期权(2.50元)或在未来变成远价外的期权(5.00元)，前者你要支付比你目标价更昂贵的期权，就後者而言则成功的机会减少。如果当局要促进期权交易，较小的价格区间将是一个很好的方法。

佣金

一些经纪收取佣金，以每笔交易计算，其他经纪以合同数量计算，另外一些收取以合同数量为基础的变量佣金。例如，美国的嘉信公司每笔网上交易收取8.95元，及每份额外合同加0.75元，OptionsHouse每笔五份合同或以下的交易收费5元，每额外合同加上1元，而盈透證券公司每张合同收费0.25元到0.75元，最低每笔交易收1元。

不同的佣金结构对你的的交易决策有什麽样的影响？以合同数量计算的佣金结构，对低值的期权有不利影响。例如，在2011年8月，美国银行(BAC)股票（正股价格在7元左右）的许多期权金（亦即期权价格）都低於1元。这意味著每张合同的价值低於100元。很明显，如果你只交易一张合同，佣金对期权金的比例会是颇为高。假设你想买卖100张合同。你的佣金每张合同平均来说可能低，但总佣金仍超过期权金总价值的1%（如期权金总值7000元的佣金为75元）。

如果你买卖10张百度公司（BIDU）的期权，该股票的价格在2011年在94元及165元之间，及每个期权合同的期权金为7元，总期权金的价值同是7000元，而佣金却为7.50元及16元之间，金额不大，但在百分比来说是一个很大的差异。

从上面的资料可以看到，如果你不买卖低价值的期权，佣金可以是期权交易成本的一个非常小的一部分。因此，你选择一个经纪时，应该考虑其他因素，主要是公司的财务稳健，交易执行，交易平台（因为大多数人会使用互联网进行交易）和交易额。如果你正考虑在美国经纪公司开设帐户，你可以参考巴伦(Barron's)网上经纪公司指南的年度调查。

期权按金

虽然期权按金的英文单词与股票保证金（孖展）的英文单词是相同， 期权按金不包含贷款的意义。

按金是当你卖股票期权时，必须预留的现金数额，好让你赌错了的时候，有能力履行合同内的义务。这表示，如果你的经纪接受你使用按金，你无须对一些期权交易预留最大潜在损失的金额。例如，你卖出认购期权，如果在到期日正股价格高於行使价，你会赔钱。在理论上你的潜在损失是无限的，因为股票的价格可以上升到任何价值。因此，除非你拥有相应数量的有关股票，一些经纪不会让你卖出认购期权。如果当你卖出认购期权时你拥有相应数量的有关股票（被称为备兑认购期权淡仓），你就可以随时满足期权义务，不管正股上升到什麽价格，因为期权淡仓的损失可以由正股的收益偿付。

那些让你在没拥有相应数量的有关股票的状况下卖认购期权的经纪，有自己的方式计算用於开始交易（初始按金）或维持交易（维持按金）的按金。有些纪经懒得在其网站上解释按金计算方法，但我相信其中大多数是跟随芝加哥期权交易所的建议。对於不备兑认购期权短仓，建议的按金要求是（首先深呼吸）：

"期权金的100%，加上正股价值的20%，减去(如果有的话)期权价外的金额，或不少於期权金的100%加上正股价值的10%，如果是认购期权。倘若是认沽期权，则不少於期权金的100%加上期权行使价的10%。"

究竟是什麽意思？这表示，要计算出準确的按金要求，你将需要先计算两个值，然後取其较高一个。芝加哥期权交易所提供一些例子，可以说明如何使用上述公式。（芝加哥期权交易所多年已通过了期权价格用公制单位，但截至2012年年中，它仍然没有更新按金的手册。）更多的信息可以在它的网站中找到：

http://www.cboe.com/micro/margin/introduction.aspx

我在下面的框中複製一些他们用於基本期权策略的例子。

一号框　按金计算例子

价外认购期权淡仓

卖出一个行使价30元二月认购期权合约
期权金0.625元，正股价17.325元

按金计算:
100 x .0625 = $ 6.25　　　　　　(A=期权金的100%)
20% x 100 x 17.375 = 347.50　　　(B=正股价的20%)
(30 - 17.375) x 100 = (1，262.50)　(C=期权价外的金额)
总和 = $ (908.75)　　　　　　　　(D=A+B+C)

最小值:
100 x .0625 = $ 6.25　　　　　　(A)
10% x 100 x 17.375 = 173.75　　　(E=正股价的10%)
总和 = $180.00　　　　　　　　　(F=A+E)
因此，采用最小值
按金要求 = $180.00
要求增收按金的水平: $180.00 - $6.25 = $173.75

说明:
按金是期权金的100%，加上正股价值的20%，减去期权价外的金额，或不少于期权金的100%加上正股价值的10%.最小值适用於这个例子，因为最小值是大於基本公式。

价内认购期权淡仓

卖出一个行使价120元十一月认购期权合约

期权金8.375元，正股价128.50元

按金计算：
100 x 8.375 = 837.50　　　　　　　（A=期权金的100%）
20% x 100 x 128.50 = 2,570.00　　（B=正股价的20%）
总和=$3,407.50　　　　　　　　　（=A+B）
按金要求 =$3,407.50
要求增收按金的水平: $3,407.50 - $837.50 = $2,570.00
说明：
由於期权是价内，按金要求是期权金的100%加正股价的20%。

价外认沽期权淡仓

卖出一个行使价80元九月认沽期权合约

期权金2元，正股价95元

按金计算
100 x 2 = $ 200.00　　　　　　　　（A=期权金的100%）
20% x 100 x 95 = 1900.00　　　　　（B=正股价的20%）
(95 - 80) x 100 = $(1,500.00)　　　（C=期权价外的金额）
总和= $ 600.00　　　　　　　　　　) (D=A+B-C)
最小值：
100 x 2 = $ 200.00　　　　　　　　（A）
10% x 80 x 100 = 800.00　　　　　（E=行使价的10%）
总和 = $1000.00　　　　　　　　　（F=A+E）
因此，采用最小值
按金要求 = $1000.00
要求增收按金的水平: $1000 - $200 = $800
说明：
按金是期权金的100%，加上正股价值的20%，减去期权价外的金额，或不少於期权金的100%加上行使价的10%。最小值适用於这个例子，因为最小值是大於基本公式。

与其自己做计算,你可以使用CBOE的网站上按金计算器。如果你的经纪采用CBOE的公式这可能是近似实际按金要求。

从按金计算公式你可以看到,如果你有认购期权淡仓,按金与期权的价格和正股价格成正比,而它与期权价外的金额呈负比。期权价外越多,认购期权淡仓所需的按金越少,但最低金额是从来不会低於正股的现价的一成。这是因为正股的现价越高,期权卖家的亏损会是越大。

认沽期权淡仓的最低按金金额是至少行使价的10%。行使价越高,期权卖家亏损的机会越大。

按金的要求是以每交易日结束後正股的收盘价计算。如果先前计算的按金不及新的股票收盘价计算出的按金,你需要增加拨出的按金。如果你在经纪的帐户的按金不足,你的经纪可以出售你的资产,如股票或债券,以提高按金到所需的水平。

如果你使用複杂的期权策略,你将在同一时间买卖多种期权。如果这还不够複杂,期权策略的按金计算,可能不是个别期权的按金要求的总和。简单的规则是,如果你买卖的股票期权代表同一股票的价格走相反方向的意见(是的,这样做是有可能有利可图),而且它们具有相同的到期日,那麽按金要求可能小於个别期权按金要求的总和。你必须向你的经纪查询。

对於那些无备兑的股票期权交易,按金的管理是交易过程中的一个组成部分。你务必叁思而後行,以防止一个仓位被强制取消,这可以是极其痛苦的。你的经纪可以根据他们的标準取消你的任何仓位,即使你宁愿用别的做法解决问题。例如你可以在你的期权帐户现金馀额设置一个最低水平,现金馀额可用於应付按金要求，当现金馀额低於这一水平时，你会知道和采取行动，把它补足到一个合适的水平，以应对不利局势。

4 影响期权价值的重要因素

当前的股票价格及德耳塔(Delta)
德耳塔--希腊字的第四个字母

期权价值受目前的正股价格影响，这是毫不奇怪。更确切地说，目前股价对期权价值的影响是来自目前股价与行使价的距离。期权价值受股票价格的变化而作出的改变可以用一个被称为德耳塔的比率来代表。

如果正股价格慢慢地移动，我们可以根据股票价格的改变及使用德耳塔来估计期权的价格。对於个人/零售投资者来说，这是德耳塔的主要用途。

德耳塔的定义为，当正股价格有一元（或一单元）的变化（而不是百分比变化），期权价值的变化会是多少，假如其他因素（主要是波幅，无风险利率，到期时间）没有改变，或只有一点点改变。它的价值在正1和负1之间。（另一种惯例是把比率乘以100，这令範围变成从正100到负100。）认购期权的德耳塔是正数，而认沽期权的是负数。对於德耳塔值为0.15的期权，如果正股价格上升(或下降)1元，期权价格预计会上升(或下降)15分。这些期权的淡仓则有相反的德耳塔值，换言之，该认购期权的淡仓的德耳塔值是0.15。总之，以绝对值计具有较高的德耳塔值的期权比低德耳塔值的期权对正股价格变动较为敏感。

对於一个轻微的股价变动，只要其他因素不发生大的变化，德耳塔值可以相当準确地估计期权在一个不久的将来的价值。你可以使用刚发生的股票价格的变化以及期权价值的实际变化计算出历史性德耳塔值，但投资者要知道预期的德耳塔值，以帮助他们预测期权价格，则可以使用包含其他影响期权值因素的数学模型（见二号框）。

二号框　期权希腊字母计算器

计算德耳塔值最常用的模型是布莱克 - 斯科尔斯(Black-Scholes)模型以及考克斯，斯以及鲁宾斯坦 (Cox，Ross and Rubinstein)二项式模型。两个模型都有缺点，这些缺点是众所周知的。例如，布莱克 - 斯科尔斯只适用於欧式期权，股票价格的变化是对数正态分佈的假设及波幅率不变的假定往往被质疑。另一方面，在二项式模型下，每个股票价格的变化的概率分佈只有两种结果也被批评。但是这并没有阻止人们使用这些模型来估计期权价格以及他们的希腊字母。儘管如此，把这些模型得到的数值作为推测这些参数的未来动向的一个指南，在这个意义上模型是有帮助。事实上，由於市场"不完善地方"(imperfections)的存在，我怀疑一个预测期权价格的完美模型是否可能存在。（这实际上对投资者是好消息，因为如果可以準确预测期权或股票价格，牟利的机会将很少。）

在互联网上有许多免费的期权希腊字母计算器，它们都包括上面提到的流行期权定价模型。在线期权经纪也提供这样的工具给他们的客户。许多在这本书中所使用的期权希腊字母的数据来自一个免费的计算器，它可以从这个链接找到：

http://niftyprediction.blogspot.com/2009/06/options-greeks-calculator-excel.html

下面的链接，也声称提供免费的期权计算器，但我还没有试用过：

http://www.trader-soft.com/download.html

有些人认为德耳塔值是一个期权在到期日是价内的机率。一个德耳塔值是30的期权可以说是有30%在到期日是价内的机会。

其他人不同意，说这是数学上不正确。我没有足够的数学资历确定谁是对，但我能理解价内的机率和德耳塔值之间有关系这种想法的吸引力。让我们考虑这样一个问题：如果目前的股票价格是100元，明天这将超过100元的机会是什麼？如果股票价格的每天变动是随机的，那麼合理的说法，这将有50%的机会往上走，50%的机会下去。假设股票价格的变化是正常分佈，如果目前的股价是110元，我们极有可能同意的是，明天股价超过100元的机会高於50%（明天股票价格获得110元以上的机会是已有50%）。当股价高於行使价，一个认购期权的德耳塔值也是更高。当股票价格低於行使价，那麼明天股价将高於行使价的机会将低於50%。当股价低於行使价，德耳塔值也较低。

对於相同的期权，当股价从100元升至110元，德耳塔值的变化是否与当股票价格从110元升至120元相同？答案是否定的。德耳塔的价值是取决於目前股价离行使价多远，和期权还有多少时间剩馀。当目前股价远远高於行使价，让我们相信一个认购期权在到期日几乎是一定是价内时，德耳塔值会是壹。达到这一点後，德耳塔值不会有任何增长，不管股票价格再上涨多少。同样，如果股票价格远远低於行使价的认购期权，而且股价继续在正常的变化範围内起落，我们可以有信心说，在合约到期时，股票价格几乎是不可能高达行使价。在這情况下，德耳塔值将为零。更低的股票价格不会改变德耳塔值，因为认购期权的德耳塔值是不可能低於零。从理论上讲，正股票价格的上升不能导致认购期权价格的下降，如果其他参数变化不大。只有认沽期权长仓和认购期权短仓有负值的德耳塔，更高的股票价将导致较低的认沽期权价值，而任何认购期权长仓的升值，将会导致相对认购期权短仓的相应损失。

为了让你看看德耳塔值的一般价值，我们在下面的列表使用布莱克斯科尔斯模型计算出正股价是100元的认购期权在各种行使价下，不同到期日理论上的德耳塔值，假设正股价的波动同是25%。

列表:正股价是100元的认购期权理论上的德耳塔值，假设正股价的波动是25%，无风险利息率是2%。

	行使价是80元	行使价是100元	行使价是120元
60天後到期	0.9895	0.533	0.0419
186天後到期	0.9199	0.558	0.1884
305天後到期	0.8789	0.5741	0.2703
550天後到期	0.8372	0.5991	0.3658

要点：

1。德耳塔值在股票价格接近股权的行使价时，改变得最迅速。在这个价格区域，相同金额的微小股票价格变动可以导致一个期权值非常大变化，远远大於当股票价格远离行使价。

2。在期权生命的大部分时间，当正股价接近股权的行使价，德耳塔值约为0.5。它只能在期权逼近到期日时达到壹。因此，除了当接近到期日，投资者不应期望一个等价期权的价值与正股价会如股权收益方程式所表示，同步升降。

下图所示的德耳塔值支持这些要点吗？

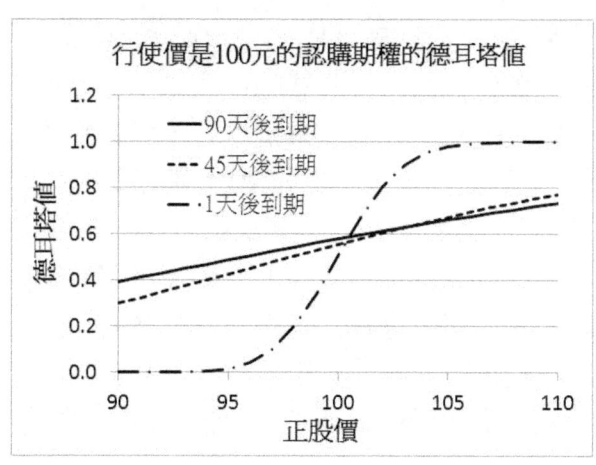

图表显示一个行使价是100元的认购期权的德耳塔值。所用的期权值方程式中假设的无风险利率是8%，波动性是45%，没有股票分红(这些数据的重要性在後面的章节将会解释)。對於一个只有一天到期的认购期权，我们可以看到，当认购期权从等价期权变成价内期权，即是当股价跨越行使价100元时，德耳塔值迅速增加。期权的价格变得对股票价格的变动更加敏感。

当一个等价认购期权有更多的时间，例如还有45天或90天到期，它的德耳塔值会比一个在短时间内到期的期权变化得较慢。另一方面，当股价低於行使价，有更多时间的等价认购期权的实际德耳塔值可以更高。试看图中当股票价格是95元，叁个股票认购期权的德耳塔值为例。当股价高於行使价，德耳塔值的相对走势则与此相反。图表显示这一点：当认购期权接近到期日，如果正股价低於行使价，期权的价值对股票价格的变化会变得不那麽敏感，如果股价高於行使价，期权对股价的变化则变得更加敏感。

對於那些不断需要对冲未平仓股票期权所带来的风险的人，德耳塔值是特别重要。这些人多数是金融机构的僱员，他们的收入主要是靠向客户销售包括股票和股票期权的金融产品以赚取服务费，而不是靠猜测股价或股权移动的方向的投机获利。

对於这些专业的交易员来说，德耳塔值是一个很方便的工具，用作衡量股票价格变动的单位。每一股股票的德耳塔值可以说是壹，因为德耳塔值的定义是每一元的股票价格变动所带来的变化。如果有人买了5个认沽期权，每个期权每股的德耳塔值为0.25，那麽这个人的期权仓位的德耳塔值便是5乘100乘0.25，等於-125。股票价每升一元，认沽期权仓位的价值将下降125元。因此，为避免期权的亏损，卖方得设法获得+125的德耳塔值。他/她可以通过购买125股正股，或购买相当於股票数量的期货。他甚至可以结合期权和卖空股票或期货，以合成(人工的)方法创造德耳塔值。

叁号框　德耳塔值是两个参数变化的比率，不是变动百分比的比率

德耳塔值是每一元或一个单位的正股价格变动所引起的期权价值的估计变化。你可以说它代表期权价值变化以正股价格变动计算的百分比。它不是衡量正股价格变动百分比相对期权价格变动百分比的比率。

例如，某只股票的价格是3元，其认购期权之一当时价值是0.9元，而德耳塔值是0.45，那么，如果股票的价格增加了1元，其认购期权的每股价值是估计上升0.45元，至1.35元。我们可以说，期权的价值变化为股票价格变化的45%。以价格变动百分率计算，股票价格的升幅为33%，而期权价值估计增加50%，这是股票价格变化的1.51倍。

认沽期权的德耳塔值是相应的认购期权的补充价值(complement value)，加上负号。如果把认沽期权的德耳塔值的绝对值，加到相同的行使价和到期日的认购期权的德耳塔值，它们的总和是1。

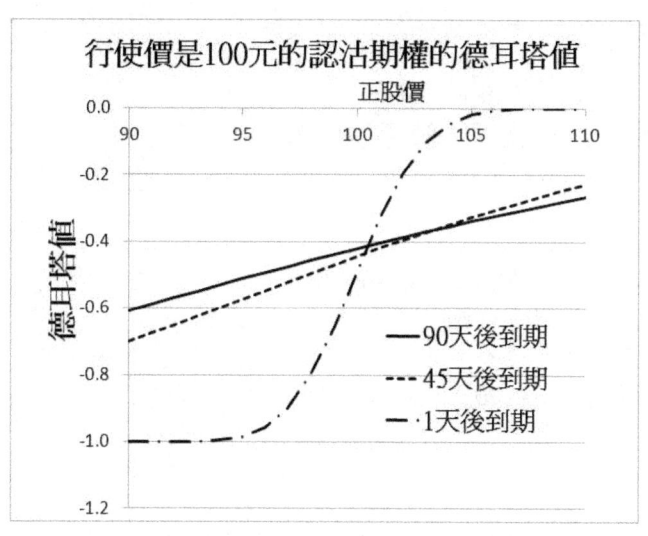

从上图可见,当股票价格略高於行使价100元,45天到期认沽期权的德耳塔值是0.4。一个具有相同到期日行使价相同正股的认购期权将有一个0.6的德耳塔值。两个期权的德耳塔值的绝对值加起来是1。

认沽期权长仓有负值的德耳塔值,认沽期权短仓有正值的德耳塔值。同样,认购期权长仓具有正值的德耳塔值,而认购期权短仓有负值的德耳塔值。这表示我们可以使用一个认沽期权长仓或认购期权短仓,获得负值的德耳塔值。如果我们想从股价下降中受益,我们可以利用负德耳塔值的仓位,当股票价格下跌时,期权的价值将上升。

然而,如果股价继续下跌,两种类型期权的德耳塔值的变化会有所不同。对於认沽期权长仓,股票价格越低,负值的德耳塔值的绝对值越高,即股票价格越走低,每一元的股价下降会带来更高期权价格。这被称为阳性伽马(gamma)。伽马是用於衡量一个股价单位变化引起的德耳塔值绝对值的改变。另一方面,一个认购期权短仓有负伽玛。当股票价格持续走低,认购期权的价格由於负德耳塔值也持续下跌,增加认购期权卖方的收益。然而，当股票价格继续下降，期权价值下降的幅度将越来越少。期权价值下降到零后，即使股价进一步下跌，它对认购期权的价格没有影响，而且德耳塔值已达到零，其最低值。

四号框 中性德耳塔值

中性德耳塔值是指在一个仓位的德耳塔的总价值为零。仓位中可能包括股票或期权。在这种情况下，相关资产的一个小的价格变化，将不会对仓位的总价值有任何效果。例如，如果一个仓位是由100股长期股票仓位（总德耳塔值等于+100）和总德耳塔值等于100的期权组成，则总仓位的德耳塔值是零。股票价格的1元上涨，会被期权价值1元的下降所抵消。

为什么有些交易员设立有一个总德耳塔值是零的仓位？其中一个原因是，那些交易员，如庄家或流通量提供者，不希望冒任何风险，但只希望获得交易佣金的收入。

其他人可能希望受益于其他影响期权价值的因素，例如在波幅改变率或利率的变化，并且不希望这样的收益会受到股票价格变化的不利影响。

波幅率

波幅率(volatility)对期权交易是非常重要。事实上，波幅率的变化提供了获利的机会，是期权交易的主要卖点。因此它值得我们在这题目上花多一点时间。

波幅率在期权来说是每天股价背离历史平均的幅度的测量。用来代表股价上落幅度的是股价的回报，即是股票的收盘价与前一交易日相比的百分比变化。计算股票价格的统计学上波幅率的实际公式是颇複杂，不可以用一句话来形容，简单地说这是完全基於股票价格的历史变化的幅度。例如，如果两只股票的历史平均回报率均为3%，一只的回报大部分时间是正或负5%的股票比一只大部分时间是正或负3%的股票波动更大。

通常来说，一个中小盘股票的波幅率是约25%（即在约68%的时间内，年回报率是平均回报的+25%和25%之间，因为波幅率是代表一个标准偏差，standard deviation）。当市场疯狂或恐慌时，波幅可以达到45%甚至更高。对於小盘股和成长股，波幅程度的範围可能更大了。

下图显示一个行使价是100元和45天到期的认购期权理论上的价值（无风险利率是8%）。图中两条线图分别画出在两个波幅率下，不同的股票价格所引起的期权价值，较高的一个波幅率有90%，低的有45%。我们可以看到如果波幅率突然上涨或大幅下跌，该认购期权的价值可以有相当显著的改变。在这个例子中，当波幅率倍增，和股价远低於行使价100元（因为原本股值较小）时，期权理论价值增加了一倍以上。

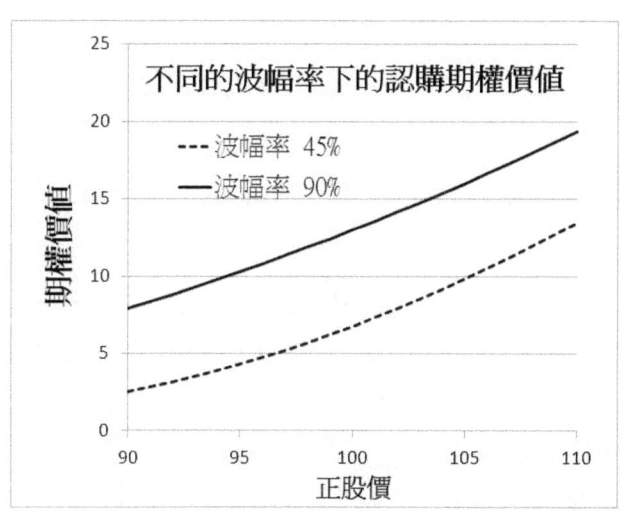

为了向你展示股票价格变动时，不同的波幅率对期权价值的影响，我们在下面的表格中显示你的期权价值的百分比的变化：

股价(行使价100元)	90	95	100	105	110
波幅率45% 认购期权价值	2.49	4.31	6.77	9.85	13.47
波幅率90%	7.89	10.27	12.99	16.02	19.32

认购期权价值					
增加的百分比	216.34%	138.50%	91.90%	62.59%	43.43%

下面的图形是谷歌(GOOG)从2011年4月至11月股价的波幅率，数据是从一个在www.softpedia.com的免费的波幅率计算器下载获得。请留意，当股价在一个小的价格范围内滞留，例如在图中的圆圈标记的时期，波幅率可以迅速下降。

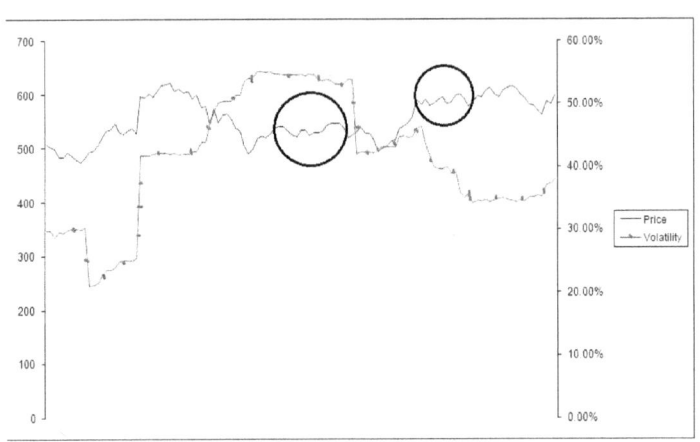

期权交易商喜欢监察隐含波幅率，这是从期权定价公式计算出来的波动水平。这些公式通常使用波幅率作为一个输入的参数。与其输入一个历史的波幅率和和其他参数以计算出理论上的期权价值，投资者可以逆转这些公式，使用期权价格作为输入参数来计算出隐含波幅率，这会显示期权价格已包含的波动水平。换句话说，隐含波幅率反映市场预计在未来的波幅率。如果投资者认为，实际的波动会高於隐含在期权价格的波幅率，那麽他/她可以现在买一个期权，等待波动和期权价格上升後赚取利润。如果他/她认为，实际的波动将会降低，那麽他/她可以卖一个期权，待波动和期权价格较低时获利。

要点：

波幅率上升时，期权价格亦上升。当波幅率下降，期权价格会下降。这是因为期权投资者认为，较高的波幅率将增加股票价格今天比昨天的价格较高或较低的机会。因此，波幅率上升时，认购期权及认沽期权价值也上升。

波幅率的微笑/倾斜

在理论上（例如用布莱克斯科尔斯期权定价模型计算出的结果），隐含波幅率和行使价之间的关系被认为是常数，一直不变。在现实中，投资者已观察到，在高波幅率时期，尤其是1987年后，隐含波幅率视乎行使价而作出不同变化。有时候，显示隐含波幅率和行使价之间关系的图表是一条看起来像一个微笑的曲线，在行使价等於正股价时隐含波幅率最低，当股票目前价格离行使价越远时，隐含波幅率越高。这种形状的波幅率/行使价图被称为波幅率的微笑。然而，接近到期的股票期权更常见的图形是被称为倾斜状的图形。对於认购期权，隐含波幅率和行使价之间的关系图显示一个向下的斜线，也就是说，行使价越高，隐含波幅率越低。反过来说，这显示当期权成为价外期权，隐含波幅率会下降。

一些期权投资者视波幅率的倾斜状(而不是平坦)的波幅率/行使价图为代表某一特定行使价期权的需求量。据说较高隐含波幅率配对低行使价的认购期权象徵著投资者对价内期权的更高的需求。这被看作是投资者对正股的长期前景持有乐观看法的一个迹象。

对於认沽期权，波幅率的倾斜，一个从图左边向右上侧的斜坡的图形，显示了价外期权较高的隐含波幅率。这被理解为市场对价外期权更高的需求，并被进一步推断为投资者担心在不久的将来市场可能崩溃。

这些理解有多準確是未知之数。实际上有可能有其他因素在起作用，例如技术带动的市场需求（如指数基金需要投资於高风险产品但资本有限时）。對於散户投资者，我们应该寻找所谓有宽阔的"护城河"的投资机会，意思指有高预期利润的投资，好让我们不需要担心理解有错误。简单地说，我不建议期权投资散户对波幅率的微笑/倾斜花费太多的精力。

维加(Vega)

波幅率的变化对不同行使价的期权影响并不相同。对於需要区分波幅率影响的细微差异的投资者，他们会监察维加。

维加（顺便说一下，是一个拉丁字不是一个希腊字）是用於量度波幅率每百分之一的变化对期权价格的影响。维加数值的单位是金额一分。一个维加是5的期权有5分的维加。如果价格是5元的期权，其隐含波幅率是40%和维加是8，当隐含波幅率提高到41%时，理论上期权值将增加（41%-40%=）1乘8分。这表示，理论上，期权价值预计会增 至5.08元。 当期权是等价期权，维加值是最高。它随著股价往任一方向移离行使价而减少。

就相同的行使价的期权而言，远远还未到期的期权比较那些接近到期的期权具有较高的维加。换句话说，维加随著时间的流逝而下降。

维加何时有用？当你想在两个类似的期权之间选择其一，而波幅率预计会在你平仓之前显著改变。具有较高维加的期权，会有一个比一个较低维加的期权较大的价值变化。如果你想获得波幅率的最大影响，你需要选择行使价接近正股价的期权，或有更远的到期日。如果你的投资策略需要波动影响的减少，你会选择不太接近到期的期权，这样才能受益於维加随著时间的下降。

下面的图表使用布莱克斯科尔斯期权定价模型获得的认购期权的维加值。从图表可以看出，更远到期日的期权比即将到期的期权对波幅率的变化更加敏感。

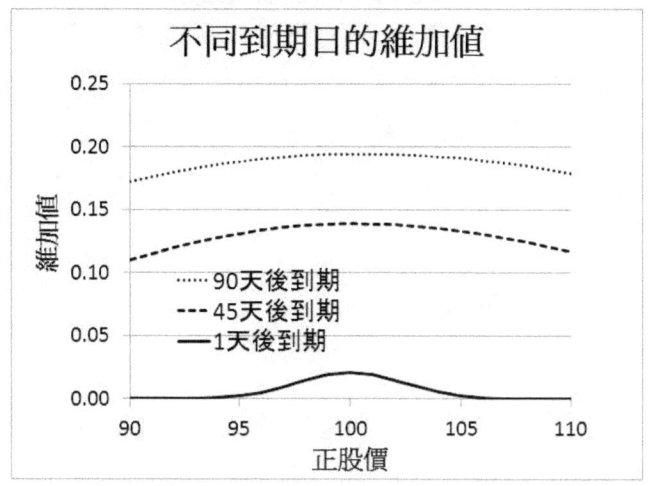

下图显示了只有一天便到期的认购期权在不同的行使价下的维加值。

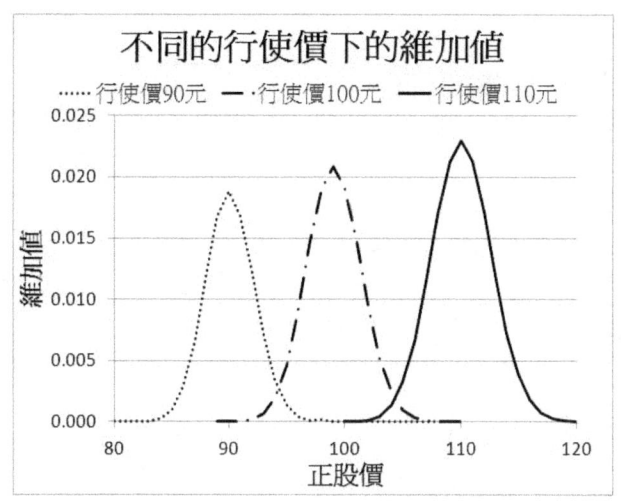

认沽期权有类似的图形。当期权是等价时，维加是最高的。

时间值损耗及斯特(Theta-希腊字母的第八字)

我们曾经在上文简要讨论过期权的'时间值'。总的来说，它是期权的价格和其内在价值之间的差额。内在价值根据收益方程的定义是：如果是认购期权，若股价高於行使价，它等於股票价格减去行使价，如果是认沽期权，若行使价高於股票价格，等於行使价格减去股票价格。越远离到期日，时间值越大，越接近到期日，时间值越小。因时间的流逝而减少的时间值被称为时间值损耗。

时间值损耗的发生，是因为期权越接近到期日，价外期权成为价内期权的可能性便减小。

时间值损耗在期权的最后30天是发生得最快速的。这也就是说斯特，θ，代表时间值的损耗率，在剩下30天时比还有45天馀下时高。斯特将跟随时间的流逝继续升高。由於斯特导致期权价值下降，它有一个负号。-0.05的斯特意味著期权的价值在次日可能会下降0.05元。

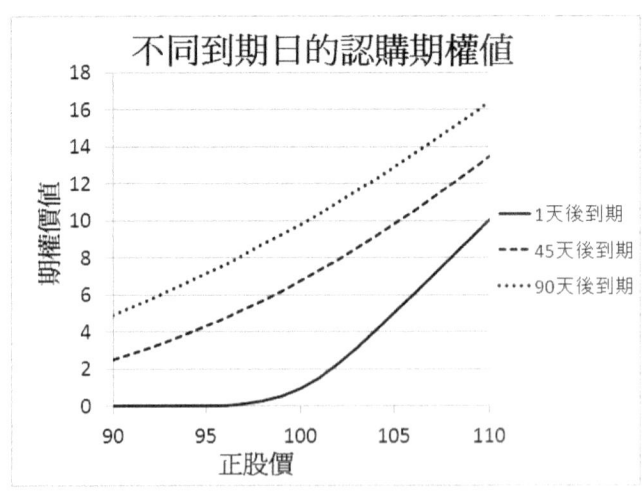

上面的图显示了行使价100元的认购期权在不同时间到期的理论值（无风险利率为8%，45%的波幅率和不分红）。由於时间值

是期权价值和内在价值之间的差异，我们可以从期权价值减去内在价值，以获得时间值。当股票价格低於100元，例如说90元，所有的期权值是时间值。内在价值可以从期权的收益图看到，而一个只有一天便到期的认购期权收益图的形状与认沽期权的收益图非常相似。从这点，我们可以看到，当正股价低於100元，有90天到期的期权的时间值是叁个期权中最高的。只有一天留下时，期权时间值减少到几乎为零。

另一方面，当一个期权是非常深价内（如当股价是认购期权行使价的50%以上），它有很少或根本没有时间价值，所以时间值损耗不是太大的问题。

直觉上，这是有道理的，因为假若期权是非常深价内，它只有非常小的机会成为价外期权。在这种情况下，只有内在价值是重要的。

当期权只有一天便到期时，它在不同股价下理论上的价值的是类似期权的收益图所示，即如果股票的价格是105元，那麼一个行使价是100元的认购期权的价值将是5元左右，因为行使价是比股票价格低这一数额。

以上两段告诉你，如果我们延长图中所示的股票价格到超过110元以上，当股票价格是非常高时，代表不同时间到期的叁个图表将在图右上角汇集一起。

如果你的策略是从期权价值上升中获利，那麼，斯特是你的敌人，尤其是在期权生命的最後30天，因为时间必然会消逝。相反，如果你卖出一个期权，你在期望期权价值下降，斯特便是你的朋友。当我在下一章解释各种策略时，这些都将变得明白。

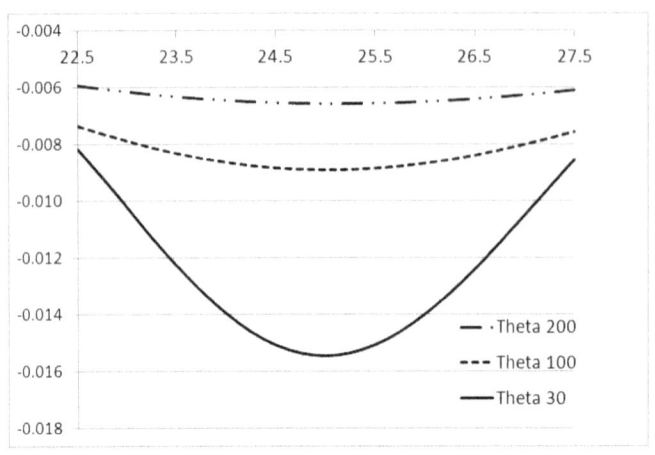

上面的图表显示了在不同的天数（30天，100天，200天）到期下，不同行使价的认购期权的斯特价值（垂直轴）。目前股价是25元。

除了这些希腊字母外，还有两个影响期权价值的主要因素。

股息

有的股票向股东支付现金股息。无论谁在除息日之前纪录上的股票持有人，将在该日期後几天收到了股息。通常，这类股票的股价在除息日後立即下降，下降幅度与股息的金额相等。这类股票的认购期权持有人却收取不到股息。因此，认购期权价格预计将在除息日後立即下降，而认沽期权的价格预计将上升。

同样地，由於期权定价模型通常假设期权仅在到期日行使，而且股息如果在此之前派发，股息是归认购期权的卖方所有，而不是归认购期权持有人，认购期权的期权金是比正股不分发股息时为低。

利率

人们普遍认为,如果利率高,认购期权的期权金将比利率是低时为高,但认沽期权的期权金将会比利率是低时为低。当利率高,投资者会很乐意购买认购期权,而不是股票,因为当股票价格上涨,投资者会收到相同的增益,而省下来的钱可以存入一个生息帐户。大多数股权估值模型假设认购期权价格和利率之间有直接关係。

利率是高时,购买认沽期权比较做空股票缺乏吸引力,因为从做空股票的收益可以用来赚取利息。

总结

总括而言,我们可以用德耳塔值,维加和斯特这些"希腊字母"为指导,来帮助我们预计期权价格的可能动向。然而,实际的期权价格变动比我们想像的更难预测。市场不完善处,如低成交量,行使价差距,信息不对称,甚至如只是简单的,不同的投资者群体行为的动态,他们都可以导致不稳定的期权价格变动。因此,即使使用希腊字母为指导,我们在买卖期权时应该预设大幅的安全馀量 (margin of safety),以增加我们成功的机率。

既然期权的生命过程中受多个因素影响,我们经常需要决定哪一个因素需要集中注意力,好让我们选择最佳策略。答案可能是视乎不同情况。在一般情况下,正股的价格波动和时间衰减,将较利率和股息是更大的影响因素。

5 基本的期权策略

事先策划

在我们详细讨论具体的期权策略之前，我建议新的期权投资者首先留意两个事项。首先是一个计划的重要性，二是我们的投资心理。

当我们看到了一个投资机会或有保护仓位的必要或其他投资原因，我们会有一种衝动，想马上进行交易。例如，最近当市场以非常快的速度向下跌，我们会觉得需要做些什麽来保护我们现有的投资(恐惧)，或者进行一些卖买，从而在这一趋势中获利(贪婪)。

在我们决定卖买期权的同一时间，我们应该有一个计划，详细说明了在期权到期之前和到期时，不同情况下的做法。我们需要事先决定，如果市场对我们不利时，或对我们有利时，或当它是不可预测时，我们将会如何反应，因为期权的值可以非常快改变。如果你没有计划，你是不可能在适当的时候做出最好的回应。为了帮助我们执行平仓策略，我们可以使用止蚀盘或限价止蚀盘。一些期权交易平台可以提供更複杂的平仓或仓位调整工具，你可以向你的经纪查询。

当我们策划一项期权交易时，要确保交易是有利可图的话，我们必须预设足够的安全馀量，这点的重要性比对股票而言更甚。这表示，在进行一项交易之前，估计的潜在利润必须高於在该风险水平下你愿意接受的数额。当投资顺利时，我们不应尝试等待最大利润的发生，而应在已获得约80%预计利润时便退出。当投资不利时，估计你的仓位恢复有利的机会，然後把这个数字打七成的折扣，看看你是否仍然要保留仓位。突然的不利事件，往往比我們想像的更经常发生，作为散户投资者，由於我们收到的信息相比机构投资者的有限，突发事件更加频繁。

對於某些类型的期权，就像买认购期权，期权定价具有內置的安全馀量，这是当股票价格上涨，等价认购期权将成为价内期权，价外认购期权将趋向价内，而德耳塔值理论上将上升，因此，即使股价上涨低於我们的预期，期权的价值可以增加得足以获利。即便如此，對於低成交量和未平仓合约量少的期权，我们应该增加安全馀量，从而抵消一些由"市场缺陷"所做成的成本。

一张列出买卖之前要作的重要决定的清单，应至少包含以下事项：

- 潜在的利润是多少，我们可以得到它的可能性有多大
- 我们準备保留仓位多久
- 我们应该在这仓位投资多少
- 我们愿意承受多少损失

在潜在利润和实现利润的可能性之间，我认为利润的可能性更重要，而且如果成功率低於60%的话我们不应该开仓，因为这个数字往往是跟我们最好的猜测没有两样。

无论是买卖股票或期权，我们基本上是试图从对金融产品的未来的看法赚钱。我们的观点可能只有在特定的时间正确，但我们往往不知道确实的时间。在我们的观点变得正确之前，我们的仓位价值可能会有损失。如果我们检讨有关情况，并仍然相信，我们的观点仍然是有效的，我们在被證明是正确之前，有足够的时间和资源的承受逆境吗？即使可以，这样做是明智的吗？因为期权的价值可以改变非常快，我们在开仓前必须要为最坏的情况作準备。

我们应该在一个投资项目投入多少资金取决於交易的目的以及我们的整体投资组合管理目标。例如，如果我们使用期权长仓以保护现有的股票仓位，我们要对冲所有的股票仓位，一个成本非常高的做法，或视乎我们的风险承受能力而对冲部分呢？儘管我们可能没有确切的答案，我们需要牢记这些问题。我会建议的一个重要的规则是，如果亏损风险较低，分配给期权的金额可以高一点，反之亦然。期权的长仓可以分配比期权短仓更多的资金，因为长仓的最大损失是有限的，但淡仓则不一定。

最後，我们不应低估的情绪对我们的交易决策的影响。我们是否往往遇到亏损便过早平仓，或一直维持期权仓位，希望经济会复甦？我们需要检讨交易记录，并根据我们当时所知，尝试找出可以做得更好的地方。我们很难与我们的情绪作对，但可以找到办法来弥补，甚至利用它们，如果我们愿意花时间来了解自己的交易心理。

现在我们準备好去剖析期权策略。我在下面包括了最常见的期权策略。我会花更多的时间在头五个策略，因为一旦你了解这些策略，你可以叠加他们的分析，从而建立更複杂的策略。事实上，我认为如果我们能够正确使用简单的策略（即那些僱用不超过两种类型的期权），我们应该能捕捉大部分期权交易的好处。仅仅因为一个策略非常複杂并不意味著效益会按比例增加。使用複杂的期权策略时，我们得权衡其利弊。

1. 认购期权长仓

认购期权长仓是指投资者打算从持有认购期权获利的一个策略，其中正股的价格变动与策略的收益成正比，只要股价高於行使价。从认购期权长仓的收益方程可以看到，这个策略最大的损失是期权金。最高的利润在理论上是无限的,因为没有任何规则限制股价可以上升去多高。

当股票价格看起来将上升,投资者将倾向於购买认购期权,从股票的走势中获利。试想像,我们只要用购股所需的一小部分现金,便可以获相同金额的高利润！其实,这时是我们是最脆弱的时间,因为我们可能没有做好準备便买了认购期权。如果我们在高价位买一个期权,即使我们正确预测股价的方向,我们的期权交易仍可蒙受重大损失。

若要从一个认购期权长仓赚钱,我们的重点应该是期权价值的潜在增长,而不是如期权收益方程式所示只针对正股价格,因为,正如上文提到,股价只是众多影响期权价值的因素一。只有当（i）我们以低价买到期权；及（ii）我们预计期权的价值在买了它之後,会升高得多,我们的期权价值才有机会增加。一个常见的错误是投资者关注（ii）太多而忽略（i）。

什麼时候认购期权的期权金会是低呢？当波动是低,和市场预期股价往下走或是平行。

另一个检查期权的价格是否低的参考点,是比较期权时间值与其价值的潜在收益。如果你还记得,时间值是正股当前价格和期权内在价值之间的差额。认购期权的内在价值是当前的股票价格减去行使价。对於价外期权,所有期权的价值是时间值。

例如,如果正股现价为28元,行使价20元的认购期权便有一个8元的内在值。如果期权的价格是8元以上,那麼超过的价值便是时间值。如果期权行使价为30元,那麼它没有内在值,所有的期权价值是时间值,因为目前的股票价格低於行使价。时间值会跟随到期日的来临而降低价值,当到期日非常接近时下降到零。如果我们购买有时间值的期权和準备持有直至到期日，那麼股票价格将需要上升超过时间值我们才能有利润。如果行使价20元与正股价格28元的期权卖11元，则时间值是3元。该期权要有利可图，则期权必须是价内很深与及接近到期日，使德耳塔值达约1，然後股价上涨至31元以上。

如果我们购买价外认购期权，股价将要在到期日前上升更多期权才会赚钱，因为价外期权的德耳塔值低过一，1元股价增长将仅导致少过1元期权价值的增加。如果当股票价格是40元，行使价是45元的认购期权是卖5元和德耳塔值是0.3的，它有一个5元的时间值（因为期权是价外）。当正股价格上升1元，期权值只有涨0.3元。即使德耳塔值会因正股价格上涨和期权几乎成了价内期权而增加，股票价格要上升比期权的时间值多很多才足以获利。因此，倘若时间值比股价的潜在收益相对高，是一个期权价格可能过高的迹象。

低期权金本身是不足保證期权交易的成功。买一个期权是进入一个与时间的赛跑。随著时间的流逝，期权逐渐失去价值。因此，我们需要寻找一些我们有把握期权的价值将显著上升的情况，才购买该期权。

期权的价格可以在这些情况下有大的升幅（a）德耳塔值是高，而正股价在上升;及（b）当股票价格的波幅率上涨，如一天内起落10%。

当期权是深入价内，及接近到期日时，德耳塔值会是颇高（比如在0.7以上）。如果股票期权仍然离到期日很远时，该期权需要更深入价内，德耳塔值才会接近1。例如，一个还有3个月才到期的期权，正股价格可能要在行使价的200%以上才可以有0.9的德耳塔值。当它只有十几天到期，股价只需要在行使价的10%以上便可以有相同的德耳塔值。

这,及时间值损耗,便是我们通常应购买较快到期而不是更迟到期的认购期权的原因,只要期权离到期日不少於30天,因为时间值损耗是在最後30天最快的。例如,如果你期望股票价格在接下来的30天内显著上升,那麼你应该买有不超过60天到期的认购期权。然後,你可以在期权仍然有至少30天到期时平仓。

我们将示範如何从深入价内的认购期权获利。在这个时候,德耳塔值是高的。当德耳塔值是低时,认购期权也可能赚钱,但我们必须更加灵活和谨慎。我们将在另外一个例子来说明这一点。

至於波幅率的影响,这里就是一个例子。从4月至2011年6月,在没有公告或解释下,谷歌的股价下跌了约20%,市场推测,这是因为新的行政总裁并没有花太多时间解释公司的发展方向和其新举措所引起的担忧。然後,在2011年7月,由於优於预期的业绩,谷歌的股价从475元反弹到620元。

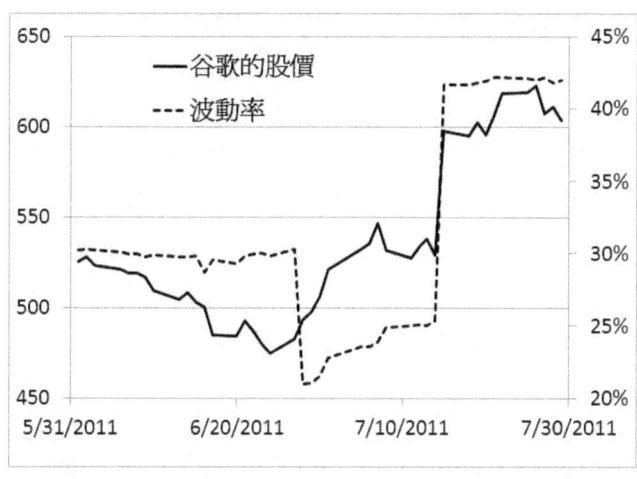

上面的图表显示谷歌在2011年6月和7月股票价格和它的波幅率。下图是在同一时期，一个於2012年1月21日到期，行使价是750元的谷歌认购期权的价格。当股票价格於2011年7月15日从528元升到597元（+12％），期权金由1.994元跳到6.017元（+201％）。部分的期权金升值可以归功於德耳塔值，这大约是0.03和可能是负责（0.03 x69元）期权金2元的增加，但其馀的增加最有可能来自波幅率的改变，这从25％翌日跳到40％，显著增加了期权在到期前成为价内期权的机会。

长期预测证劵(Long Term Anticipation Securities，LEAPS)

由於期权价值随著时间而消减，我们应该选择购买仅仅足够执行我们的策略的到期日。这一点是当我们正在考虑一年内到期的期权尤其重要：买远期到期日的期权长仓是通常比买那些接近到期日的期权较为昂贵。然而，有些很远期到期的期权，如那些所谓长期预测证劵，可以有超过一年的到期日，偶尔，你可以买到相对便宜的期权。

下表列出在2011年7月14日，微软公司（MSFT）的期权。当时其股价为26.63元。

Call Options						Expire at close Friday, January 20, 2012	
Strike	Symbol	Last	Chg	Bid	Ask	Vol	Open Int
12.50	MSFT120121C00012500	13.14	0.00	N/A	N/A	2	562
15.00	MSFT120121C00015000	11.87	0.00	N/A	N/A	4	4,598
17.50	MSFT120121C00017500	9.22	0.00	N/A	N/A	2	6,430
20.00	MSFT120121C00020000	6.75	0.00	N/A	N/A	90	24,073
21.00	MSFT120121C00021000	5.90	0.00	N/A	N/A	13	3,366
22.50	MSFT120121C00022500	4.65	0.00	N/A	N/A	74	62,925
24.00	MSFT120121C00024000	3.32	0.00	N/A	N/A	50	52,777
25.00	MSFT120121C00025000	2.63	0.00	N/A	N/A	559	129,997
26.00	MSFT120121C00026000	2.02	0.00	N/A	N/A	346	32,291
27.50	MSFT120121C00027500	1.28	0.00	N/A	N/A	16,792	145,986
29.00	MSFT120121C00029000	0.74	0.00	N/A	N/A	2,210	25,571

资料来源：雅虎财经

上述列表显示MSFT将在2012年1月到期认购期权的价格。下表列出一年後到期的期权。两组期权都是长期预测證券，将在2012年4月到期的期权也是。在起初推出时，他们有至少一年到期。

Call Options						Expire at close Friday, January 18, 2013	
Strike	Symbol	Last	Chg	Bid	Ask	Vol	Open Int
12.50	MSFT130119C00012500	14.25	0.00	N/A	N/A	20	2,476
15.00	MSFT130119C00015000	11.56	0.00	N/A	N/A	8	2,639
17.50	MSFT130119C00017500	9.26	0.00	N/A	N/A	67	6,496
20.00	MSFT130119C00020000	7.25	0.00	N/A	N/A	53	26,282
22.50	MSFT130119C00022500	5.27	0.00	N/A	N/A	78	35,309
25.00	MSFT130119C00025000	3.60	0.00	N/A	N/A	11,416	138,297
27.00	MSFT130119C00027000	2.60	0.00	N/A	N/A	42	8,138
28.00	MSFT130119C00028000	2.38	0.00	N/A	N/A	7,505	1,528
30.00	MSFT130119C00030000	1.50	0.00	N/A	N/A	1,666	190,571
32.50	MSFT130119C00032500	0.96	0.00	N/A	N/A	6	65,464
35.00	MSFT130119C00035000	0.58	0.00	N/A	N/A	106	92,291

资料来源：雅虎财经

2011年7月14日，微软（MSFT）股价26.63元。注意行使价在17.50元及以下的期权，他们期权金金额差异如何的小。例如，2012年1月到期，行使价在15元的深入价内期权，期权金是11.87元，而在1月到2013年到期的期权则售11.56元。

如果我们在股票价格是26.63元时买在2013年1月到期行使价是15元的认购期权，内在价值是11.63元。如果我们能以收市价11.56元购买期权，那麼我们实际上可以收取0.08元，并且拥有微软的股票。当然，也有可能，雅虎财经最後的成交价是过时的，又或者目前的价格可能会更高。此外，长期预测證券的低价格，可能是由於微软MSFT是支付股息的股票，而期权持有人没有股息。但当时微软的股息率只有2.4%，因此那麼低的期权价格还是很有吸引力的。

如果投资者以11.50元买了行使价是15元的认购期权，而微软那天的收市价是26.47元，他/她只使用购买股票所需资金的11.5/26.47(43%)便已经获得如拥有微软股票的好处。因为期权的德耳塔值将接近1，如果微软股价上升1元到27.47元，期权价值也应该增长1元，至12.50元，相当於一个2.3倍的槓桿(这个槓桿也可以从倒除43%得到)。

我们在交易前，必须问一个重要的问题：微软期权为什麼这麼便宜？微软股价在过去12个月，大部分时间在23和27元之间窄幅上落，是公认的冷股。看来，市场并没有指望它会上升太高，因此期权价格低。如果市场是正确的话，那麼我们的认购期权长仓可能会赔钱。但是，由於认购期权的槓桿作用，即使股价只移动一点点，我们可以得到一个不太差劲的回报，而且我们有很多时间来检讨我们的策略。

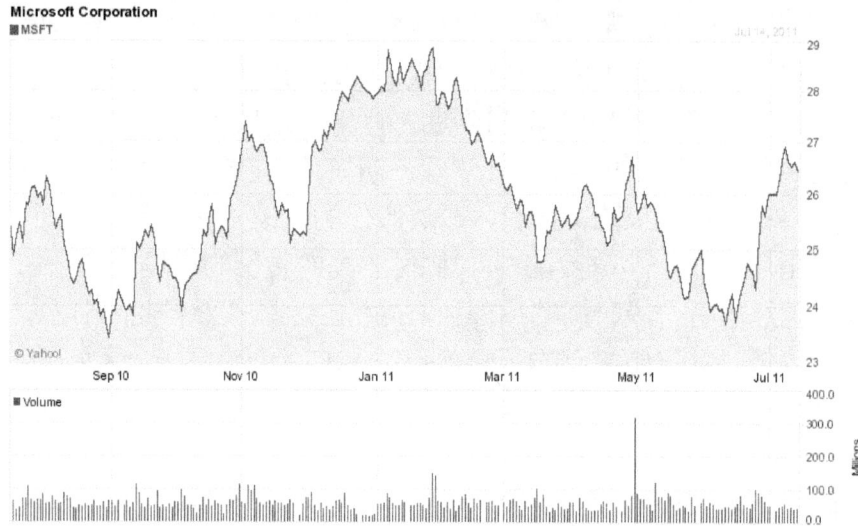

资料来源：雅虎财经

深入价内认购期权

在上面的例子可以看到，我们有很好的理由购买深入价内认购期权。如果股价在购买期权后上涨，我们便不用操心德耳塔值，因为德耳塔值已达到或将近其最大值。现在，我们可以完全集中留意股价的动向。如果你有充分的理由相信股价的牛市即将结束，或没有充分的理由相信它会进一步上升，你应该毫不犹豫地卖出认购期权以锁定利润。如果你可以在波幅率高时把它卖掉，那将是你的额外奖金，因为期权的价格会更高。

懂得获利离场是对期权长仓十分重要，首先是因为期权价格上落幅度非常大，第二是时间值损耗。交易成本不应该是一个考虑因素，除非你有一个昂贵的经纪。所以，当你从认购期权获利25%後离场，然后看见期权价格再升25%时，不要心情不好。从长远来看，你会看到一些认购期权卖後继续走高，有些则走低。

然而，如果你认为某只股票具有良好的前景和可以安然渡过任何中期波动，深入价内的认购期权让你以低廉的价格购买其股份。譬如我们买了2012年1日到期，行使价是15元的微软期权，而在到期日，股票价格为14.50元。期权将会自动行使，这表示我们要支付15元来购买每股。购买股份的总成本成为26.5元（11.50元+15元）。可能看起来我们付出高於股份的市场价格，但我们已经享有一段时间的槓杆利润的机会。购买认购期权比较在2011年7月以26.47元购买微软股份，前者仍然是一个更好的选择。

因此，使用深入价内的认购期权是一个以低价买得经历短期困难的优质公司的股票的很好方式。

极远价外期权

有些人喜欢买极远价外的认购期权（即期权的行使价比目前的股票价格至少高出20%），因为这样的期权很便宜。例如在2011年9月29日，美国银行（BAC）的收市价是6.35元，它在2011年12月到期，行使价是6元的价内期权的期权金是1.10元，行使价是7元的价外期权，期权金是0.5929元。行使价是9元的极远价外期权只售0.13元。

Options   Bank of America $6.35 on 29 Sep 2011   Get Options for:

View By Expiration: Sep 11 | Oct 11 | Nov 11 | **Dec 11** | Jan 12 | Feb 12 | May 12 | Dec 12 | Jan 13 | Dec 13

Call Options   Expire at close Friday, December 16, 2011

Strike	Symbol	Last	Chg	Bid	Ask	Vol	Open Int
2.00	BAC111217C00002000	**4.40**	0.00	4.35	4.45	3	9
3.00	BAC111217C00003000	**3.45**	↓0.40	3.45	3.50	60	979
4.00	BAC111217C00004000	**2.54**	↓0.26	2.58	2.60	35	3,227
5.00	BAC111217C00005000	**1.66**	↑0.01	1.78	1.80	199	5,789
6.00	BAC111217C00006000	**1.10**	↑0.07	1.11	1.13	470	6,992
7.00	BAC111217C00007000	**0.59**	↑0.03	0.61	0.62	1,581	20,553
8.00	BAC111217C00008000	**0.30**	↑0.02	0.30	0.32	808	20,146
9.00	BAC111217C00009000	**0.13**	↓0.01	0.13	0.14	489	12,522
10.00	BAC111217C00010000	**0.07**	↑0.01	0.06	0.07	155	16,209
11.00	BAC111217C00011000	**0.04**	0.00	0.03	0.04	4	7,921
12.00	BAC111217C00012000	**0.02**	0.00	N/A	0.03	672	8,696

资料来源：雅虎财经

虽然较高行使价的认购期权的德耳塔值是较低，但是由於期权的最初买入价非常低，如果正股价上升了1元，从下面的表中看到，期权的增值在比例上是相当可观，如果理论上的德耳塔值是正确的话。

表：在75天到期的期权，目前6.35元的正股价，波幅率是45%和无风险利率是2%的理论上德耳塔值

行使价	6.00	7.00	8.00	9.00
德耳塔值	0.655	0.500	0.156	0.056
目前期权金	1.100	0.590	0.300	0.130
期权金新价，如果正股价上涨1元	1.755	1.090	0.456	0.186
期权价值的变化百分比	59.59%	84.75%	52.06%	43.22%

记得如果购股权是价外期权，而非深入价内期权，有更多的时间到期时德耳塔值是较高。例如，120天到期的上述期权的德耳塔值顺序是：0.646，0.412，0.229和0.116。所以，如果你预期股票价格即将升值，打算买一个极度价外的认购期权，那麽你应该买迟一些的到期日。

因此，似乎买极远价外期权是一个好主意。然而，我们需要记住，潜在收益是不只依赖期权价值上升，也要看该价值上升的机会率。极远价外期权在到期日会成为价内期权的机会率多数是很小。

BAC的股价在9月後，果然跃升起来。它在10月28日达到7.35元。如果投资者在9月买了行使价9元的认购期权和在十月底把它卖出，这笔交易应该是会盈利。但如果它被後来售出，那就很难说。2011年12月5日，BAC的每股收市价5.79元。在12月17日，行使价7元以上的认购期权的价值变得不超过0.02元。

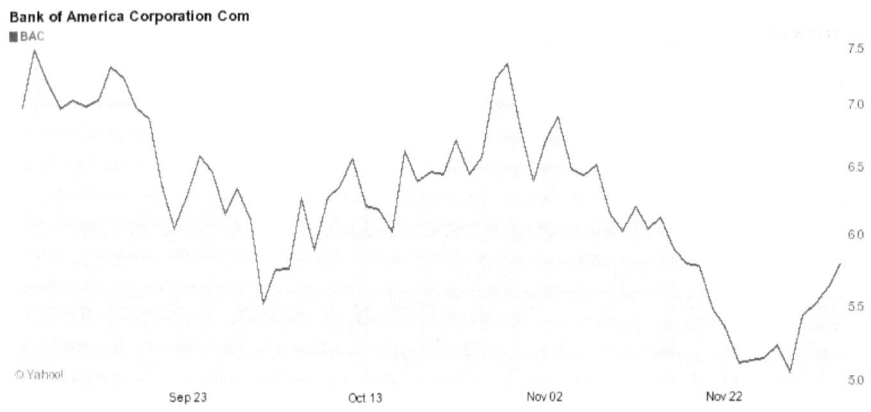

资料来源：雅虎财经

下面数表显示BAC的期权於2011年12月5日的价格。你会发现，每个行使价，有两个期权。每个期权的到期日是不同的。12月9日到期的（可以从期权符号读到），应该是在11月推出的新系列。在这些情况下，我们应小心，不要读错价格或买卖错误的期权。

Call Options						Expire at close Thursday, December 8, 2011	
Strike	Symbol	Last	Chg	Bid	Ask	Vol	Open Int
1.00	BAC111217C00001000	4.30	0.00	4.75	4.80	206	206
2.00	BAC111217C00002000	3.85	↑0.55	3.75	3.80	31	6
3.00	BAC111217C00003000	2.75	↑0.05	2.76	2.80	124	1,731
4.00	BAC111209C00004000	1.80	↑0.10	1.76	1.80	206	386
4.00	BAC111217C00004000	1.77	↑0.09	1.79	1.81	702	7,990
5.00	BAC111209C00005000	0.78	↑0.10	0.79	0.81	3,956	6,261
5.00	BAC111217C00005000	0.83	↑0.10	0.83	0.84	12,428	50,632
6.00	BAC111209C00006000	0.09	0.00	0.08	0.09	22,750	20,773
6.00	BAC111217C00006000	0.16	0.00	0.16	0.17	32,945	230,063
7.00	BAC111209C00007000	0.01	0.00	N/A	0.01	190	1,608
7.00	BAC111217C00007000	0.02	↓0.01	0.02	0.03	11,347	262,767
8.00	BAC111217C00008000	0.01	0.00	N/A	0.01	1,385	88,827
9.00	BAC111217C00009000	0.01	0.00	N/A	0.01	21	69,062

资料来源：雅虎财经

我们也应注意到，对於价外，甚至等价认购期权，德耳塔值随著时间的流逝而下降的速度将较价内认购期权为快。

因此，若要极远价外期权赚钱，你将得密切察看他们，并如果投资顺利，準备随时在到期前平仓，但投资不顺利的时候更是如此。

到期時

如果在到期日你仍然拥有认购期权，而它是价内期权，那麽，除非你的经纪有特殊的规则，否则你的期权将被自动行使。你得以行使价购买股票。你的经纪人会从你的帐户扣除所需的资金和把股票加进你的投资帐户。因此，你必须确保在这一天你的帐户有足够的资金，否则你的经纪人将开始收取贷款利息。

归纳起来，购买认购期权最好的时间是（1）当股价徘徊在一个狭窄的範围，以及你认为在不太遥远的将来它有很好的发展；和（2），该公司的股票价格由於在你的看来一些无关紧要的坏消息或暂时的挫折急剧下降时。

认购期权长仓风险和回报摘要

最大利润：理论上是无限的，因为没有规则限制股票的价格可以去多高。（不用说，在计算所有的期权交易净利润/亏损，都要包括佣金在成本内。），它发生在当股价高於行使价加上成本。

最大损失：限於已经支付的期权金及其他交易成本。

待期权金下降才买期权，将可以大大提高获利的机会。

---

2. 认沽期权长仓

一个简单的认沽期权长仓是打赌期权将会升值，而只要行使价高於目前的股价，该期权的收益是与正股的价格成负比。跟一个简单的认购期权相同，认沽期权不涉及借来的钱，你可能会损失的最高金额是你已经付出的期权金。你能够获得的最高金额，另一方面，是期权的行使价，因为正股价要低於行使价才有正回报，而股票价格不能低於零。

跟购买认购期权一样，我们的目标应该是买可以给我们一个相当不错的升值机会的认沽期权。当股价正稳步增长时（即波幅率低），认沽期权的价格会低。如果时间值不大，而你相信股价会降低很多，或者股价以高速降低一点，那麼你可以买认沽期权。

认沽期权长仓的德耳塔值，像认购期权长仓，它是价内期权时比价外期权时更高。随著时间的流逝，一个价内期权的德耳塔值将会继续走高（接近1），而一个价外期权的德耳塔值会降低

（接近0）。这意味著，随著时间的消失，价外认沽期权长仓需要更大的正股价跌幅来令期权价格走高。

行使期权

由於认沽期权买方有权在预先约定的价格出售正股，当他/她选择行使期权，他/她会交出正股，而相等的股份数乘以行使价的金额将被记入他/她的帐户。如果认沽期权的买方不拥有正股的股份，他/她的帐户便可能录得正股的短仓。

範例

假设你认为ABC公司的股票将在财报公佈後的价格显著下降，因为它已经在这之前超买。目前该股每股40元，你认为有很大的机会它会下降到30元。

比方说，该股行使价40元的认沽期权价格为2元（全是时间值）。当然，你会选择一个将於财报公佈後不久便到期的认沽期权，因为通常较远到期的期权很昂贵。如果你买比所需更长的到期的期权，它成本较高，因而会降低你的牟利机会。

对於在30天左右到期的认沽等价期权，德耳塔值通常约为0.5，或略高。然而，这德耳塔值仅对一个小的股票价格变动有效。当股票价格下跌，德耳塔值会增加（迈向1），这意味著该期权的价值将上升得更快。一旦认沽期权达到价内期权，它开始有内在价值。让我们假设，当股票价格下跌到30元，期权的售价为$10.45元，其中10元便是内在价值。你在这时的利润是8.45元（10.45元-2元）。若要平仓，你可以在买了认沽期权後任何时间设置一个卖出限价单。如果你的目标利润水平是8.50元，那麽你的限价盘卖出价应为10.50元。

另外，当股票价格下跌到30元，因为你的认沽期权将在价内，你可以行使你的期权，以40元卖出股票。你将有40元存入帐户，此外，如果你不拥有出售的股份，你还有股票的淡仓。然後你可以在公开市场上以30元买的那些股票回来。你的收益将是从股份的交易每股10元，减去2元的认沽期权成本及佣金。扣除佣金之前你的利润是每股8元。然而，你得发出指令去行使期权和买入股票，除非你的经纪有期权的自动化系统。

从这个例子中，你可以看到，第一种方式，即出售期权，是比行使期权获利更高。只要离到期日还有时间，价内的期权长仓除了内在价值外仍有一点时间值。

认购期权买方也有同样的行使期权方法。

再举一个例子，假设在2011年7月底，你认为在8月谷歌的股价将与市场一起走低。8月1日，谷歌的收市价为606元。谷歌将在2012年1月21日到期，行使价480元的认沽期权，售价为9.13元（所有是时间值）。由於谷歌的股票价格一直波动，你估计，它可以在未来六个月跌至450元，如果市场状况恶化。假设德耳塔值平均是 0.5，你预计期权的价格可以上升(150元x0.5=)75元，所以你设置（75元x0.8+9.13元=）69.13元的平仓目标，给予20%的安全馀量。你还可以设置一个20%的止蚀盘，如果其值从购买价格下降了20%以上，该期权将被自动出售。

下面的图表显示谷歌於2011年8月的股票价格和认沽期权的价格。

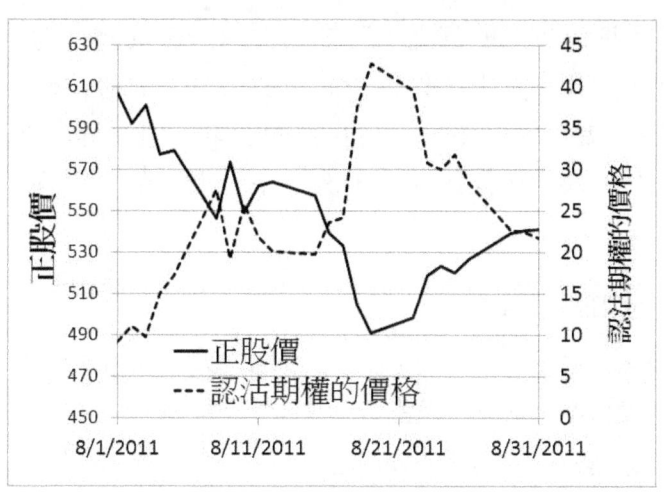

起初，你的预测是正确的。股票价格有下跌。你的期权非常快已经成为有利可图。

假设8月25日，你看到谷歌的价格开始往上走。你改变你的计划和决定锁定在迄今取得的利润，以31.8元卖出你的期权。你的利润为(31.8元 -22.67=)每股9.13元。下面是一个图表，显示谷歌的股价波幅率和期权价格。从两图中，你可以看到一旦股价方向改变，期权价格下降的速度有多快。

對於一直在仔細閱讀這本書的讀者，我知道你有一個問題：為什麼選擇這個行使價？事實上，如果行使價更接近當時股價606元，如590元，期權更有利可圖。這需要更大成本，但德耳塔值也會較高。實際上，我會選擇比在這個例子中接近目前股價的認沽期權行使價。

> **認沽期權長倉風險和回報摘要**
>
> 最大利潤：限於行使價減去成本，因為股票的價格最低只可以去零。它在當股價低於行使價減去成本時發生。
>
> 最大損失：限於已經支付的期權金及其他成本。
>
> 跟認購期權一樣，待期權金下降才買期權，將可以大大提高獲利的機會。

3. 認購期權短倉

一個簡單的認購期權短倉是指投資者打算以出售認購期權來賺錢，而並不擁有相關正股的一個策略。這通常被稱為賣空認購期權，或者不備兌認購期權淡倉（又稱「無備兌的認購期權淡倉」，或者「裸賣期權短倉」）。如果你還記得它的收益圖，一個簡單的認購期權短倉增益是有限而損失是無限。那麼，似乎只有傻子會賣空認購期權。然而，實際上，大部分有利可圖的期權交易是來自出售期權，因為大多數的期權在到期時毫無價值。

雖然賣出期權收益有限，只有在開始時收到的期權金，有一個重要因素，是對在期權的賣方有利：時間的流逝。隨著時間的流逝，期權的價值會因時間值損耗而降低。如果期權的賣方在期權的價值已降低時買回期權來平倉，那麼這個策略便能獲利。

卖出认购期权的最佳时机是股价波幅高时，以及正股最近已经上涨了很多，很可能在短期内会体验到技术性调整。这时期权值会是比较高，及有可能往下走。

出售认购期权可以被视为对正股持看跌立场。如果股票价格下跌，认购期权将失去价值，期权的卖方可以以比他/她收到的期权金较低的价格买回期权，以退出仓位。如果股票价格反而上涨，认购期权价值会上升。当期权价值的增加超过他/她在出售期权时收到的期权金，认购期权卖方将遭受损失。

当你并不拥有认购期权相关的正股，那麽你的经纪将接受你使用按金，或者不让你卖出认购期权。如果你使用按金，这意味著你只提供相关股份价值的一小部分作抵押。如果你的预计是正确，你的回报率会成倍增加。如果市场跟你作对而股票价格上升，你必须补充按金，否则你的仓位将被强制平仓，即使该认购期权是尚未在价内和期权的买方没有选择行使期权，因为经纪多数采取「市价计值」（也被称为「逐日盯市制度」），每天结算所需按金。按金管理是卖空认购期权策略的重要组成部分。如果你不知道如何计算按金，请重温前一章关於按金的部分，并确保你任何时间有恰当的现金数额以备额外按金所需。

让我们来看看一个卖空认购期权的例子。譬如说，在2011年10月，你认为，苹果公司在其首席执行官史蒂夫・乔布斯过世後将无法维持产品设计和市场营销的优越性。因此你注意苹果公司在2011年10月11日那一天的认购期权。苹果公司在当天收盘时股票价格是400.29元，上涨了2.95%。你看到在2012年1月20日到期的认购期权有以下价格（从左边的第叁列）。

390.00	AAPL120121C00390000	38.00	0.00	N/A	N/A	957	22,734
395.00	AAPL120121C00395000	36.05	0.00	N/A	N/A	432	5,344
400.00	AAPL120121C00400000	32.60	0.00	N/A	N/A	2,797	47,423
405.00	AAPL120121C00405000	30.20	0.00	N/A	N/A	399	4,538
410.00	AAPL120121C00410000	27.30	0.00	N/A	N/A	817	10,099
415.00	AAPL120121C00415000	25.40	0.00	N/A	N/A	135	3,620
420.00	AAPL120121C00420000	23.45	0.00	N/A	N/A	1,274	22,373
425.00	AAPL120121C00425000	21.00	0.00	N/A	N/A	329	6,992
430.00	AAPL120121C00430000	19.20	0.00	N/A	N/A	737	9,558
435.00	AAPL120121C00435000	17.90	0.00	N/A	N/A	124	2,699
440.00	AAPL120121C00440000	15.70	0.00	N/A	N/A	1,189	23,141
445.00	AAPL120121C00445000	14.28	0.00	N/A	N/A	210	2,353
450.00	AAPL120121C00450000	12.90	0.00	N/A	N/A	2,300	14,560
455.00	AAPL120121C00455000	11.95	0.00	N/A	N/A	60	1,432
460.00	AAPL120121C00460000	10.54	0.00	N/A	N/A	291	4,219

资料来源：雅虎财经

你有信心，到2012年1月，苹果公司股价不会升值15%以上，或超过460元。所以，你卖一份行使价是460元的合同，并收到10.54元倍100股的期权金，即1,054元。

对你来说最好的结果是，如果苹果公司股价在到期日停留於460元或以下。即使股价是470元，你不会有任何损失，因为你收到的期权金是10.54元。

如果股票价格上升到500元，那麼你从期权的收益将是每股-40元。部分的损失可以被期权金抵消，因此，每股实际损失将是40元-10.54元= 29.46元，即是每份期权合约损失2,946元。

行使期权

期权的卖方没有行使期权的权利。每当认购期权是在价内，这是当股价高於行使价，期权便有被期权持有人行使的可能，虽然这在期权仍然有时间值的时候发生的可能性很低。期权被行使时，期权卖方得交出正股的股份。卖空认购期权的投资者没有相关股份，所以他们将要借用经纪的股份，并录得正股的淡仓。

到期时

在到期日，如果认购期权是价内，大多数，甚至所有的期权卖方，将被指定分配交付相关股票。卖空认购期权的投资者将录得正股的淡仓。

大多数期权卖方希望看到他们的期权在到期时毫无价值，使他们能够保留所有的期权金。要增加期权在到期时不值钱的机会，期权卖方会选择卖短如1个月到期的期权，好让时间值损耗消磨掉期权的价值。

行使價

一个有较低行使价的认购期权将比一个有更高行使价的认购期权有较高的期权金。同时，这些期权成为价内期权的机会也越高。既然出售一个期权的潜在损失是无限的，在决定行使价时添加充足的安全馀量会是明智的。确定安全馀量的大小的方法之一是观察最近的股价走势。如果最近的股票价格每週的变化範围是+/-10元，一个月内到期的认购期权的行使价可以是这价值的两倍再加当前股价。如果在期权到期之前，股票发行公司有盈利公告或其他特殊事件，那麼行使价应该设定在更高的价位。

卖空认购期权风险和回报摘要

最大利润：限於已经收到的期权金减去成本。它在到期日当正股价低於行使价时发生。

最大损失：无限，追随股价的上涨而升高。它在当股价大於行使价加上成本时发生。

如果在期权出售前，正股股价波幅率高将可增加期权金和获利的机会。

4. 备兑认购期权短仓

备兑认购期权短仓是指当你卖出认购期权时，你拥有正股的股票。这通常是用来赚取收入的一种策略，因为你卖一个期权时，你会收到期权金。销售认购期权与相关股份的拥有权的结合，是为达到保护资金流动性的目的。如果期权的买方行使其权利，及你的期权被指定分配股份，那麽你的股票可以用来承担你的义务，即是交出你的股份。由於你拥有正股的股票，你的经纪不需要担心你承担期权义务的能力，因此，你不会被强迫退出仓位，及不用存入按金。（有些人可能不同意我用"保护资金流动性"来形容备兑认购期权短仓，我的观点是，即使你的经纪帐户中有其他的资产，你的经纪人可能仍然不会接受他们作为认购期权短仓的抵押品。如果你没有任何可以用来作为认购期权短仓的抵押品，那麽，的确，它不是一个流动性问题，而是资金短缺。）

对於一些投资者，备兑认购期权短仓是他们可以卖出认购期权的唯一途径，因为一些经纪不允许没有经验的期权投资者出售不备兑认购期权。

许多投资书籍说，卖出备兑认购期权是"安全"。这可能会误导一些读者认为，出售备兑认购期权不涉及风险，或没有赔钱的可能。这是不正确的。如果在到期日股票价格上升至高於行使价很多，认购期权的期权的买方只需要支付卖方行使价便获可得市值更高的正股股票。在这种情况下，出售认购期权所收的期权金未必足以弥补损失。期权卖方将失去如果她没有出售认购期权，可能从股票长仓赚取的潜在利润。

有两种方式卖出备兑认购期权。如果出售备兑认购期权是用作重複赚取收入，那麼我们要的是远远价外的行使价，使认购期权是价内的可能性相对低一些。由於期权金是没有多少，你得一年内出售同一正股的认购期权多次才可令这个策略有价值。股票价格的波动越大，期权的行使价需要在价外更多。

另一种出售备兑认购期权方法是从价格已接近一个高峰的股票获利。在这种情况下，当股票价格达到行使价，和卖出的认购期权被行使，你不介意交出股票。你每笔交易可以赚取更高的期权金，因为你出售的认购期权的行使价是离正股目前股价不太远。不过，如果你认为你的股票价格已经达到了一个高峰，在短期内可能大幅下降，而且不可能很快恢复，更好的做法可能是现在卖了股票，而不是持有股份只是为了赚取认购期权的期权金，因为与股价崩溃的损失相比，这收入可能是非常小。

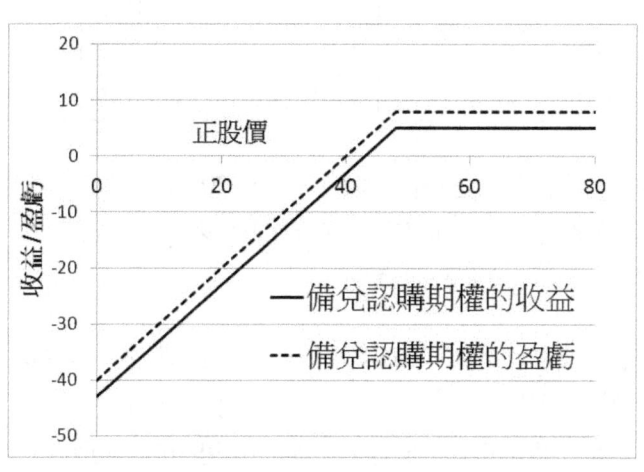

上图显示备兑认购期权的收益和盈亏。它结合了认购期权短仓和正股长仓的收益和盈亏。期权金收入为每股3元,而相关股份股价当时为43元。行使价为48元。

让我们用麦当劳(MCD)的股份来示範以重复出售备兑认购期权产生收入的策略。假设你拥有麦当劳的股份,而你认为股价在未来两年内将不可能有太大变化。麦当劳是一个相对成熟的大盘股,因此其股价通常不会像小盘股般有很大的波动。认购期权的行使价因此在同一时段内不需要像一家较小或较嫩的公司相比高於目前的价格很远。它有一个小的股息率在2.5%左右,所以我们将不把它包括在我们的计算。

在2011年7月26日,麦当劳的股份收88.02元。对於行使价92.50元的期权,我们从雅虎财经获得以下报价:

到期日	离到期日的日历天	公佈的期权金	每天期权金
2011年9月16日	52	0.35	0.006731
2011年12月16日	123	1.41	0.011463
2012年1月20日	158	1.67	0.01057
2012年3月16日	213	2.25	0.010563
2013年1月18日	420	5.00	0.011905

在那个时候,市场上没有到期日在2012年3月和2013年1月之间的期权。如果有足够的需求,期权交易所只提供未来六至九个月的期权,除非它们是长期预测證券(LEAPS)。

以每日为计算单位,似乎出售月2013年1日到期的期权将是最有利的。因此,如果我们卖出认购期权,并且他们不被行使,那麼在2013年1月,我们的收入将是5元,它等於4.9%的总回报,或4.3%的年回报率。然而,如果股票价格在期权到期时是97.5元(92.5元+5元),从期权金得来的所有收益将消失,而如果正股上升到任何更高的价格,投资者在到期日将蒙受损失。对於以较低的价格买了麦当劳股份的投资者来说,如果他们不想经常买卖股票,并对这样的收入水平感到满意,出售这种远期期权会是一个好主意。

另一方面,有时间经常监测市场和愿意更加频繁交易以换取更高潜在收入的投资者,可以买卖较快到期的期权。在2011年10月19日,麦当劳以89.62元收市。其2012年1月20日到期的认购期权的最後交易价格以下:

70.00	MCD120121C00070000	19.89	0.00	19.75	19.90	51	4,533
72.50	MCD120121C00072500	18.21	↑0.73	17.35	17.50	1	1,149
75.00	MCD120121C00075000	14.90	↓0.05	15.00	15.10	22	7,176
77.50	MCD120121C00077500	13.20	↑0.80	12.65	12.80	1	1,518
80.00	MCD120121C00080000	11.20	↑0.85	10.45	10.55	33	11,285
82.50	MCD120121C00082500	8.95	↑1.08	8.35	8.45	5	3,407
85.00	MCD120121C00085000	7.00	↑0.70	6.40	6.50	684	9,675
87.50	MCD120121C00087500	4.80	↑0.80	4.65	4.75	18	4,059
90.00	MCD120121C00090000	3.20	0.00	3.20	3.30	107	9,782
92.50	MCD120121C00092500	2.04	↑0.06	2.04	2.10	103	3,667
95.00	MCD120121C00095000	1.20	↑0.14	1.19	1.23	85	5,818
97.50	MCD120121C00097500	0.66	↑0.09	0.63	0.66	51	1,654
100.00	MCD120121C00100000	0.29	↑0.06	0.30	0.33	53	1,741

资料来源:雅虎财经

行使价92.50元的认购期权,其期权金已从2011年7月的1.67元上升到2.04元。由於从2011年10月19日到到期日还有93天,每天的期权金平均为0.021935元。

假设在2011年7月,我们以0.35元出售九月到期及行使价92.50元的认购期权,然後於2011年10月,我们以2.04元卖了2012年1月到期及行使价92.50元的认购期权。假设从2011年7月至2012年1月正股价不触及行使价,在这两个期权在这六个月期间给我们2.39元,折算为15.4%的年度回报率,如果我们已经在2011年7月以88.02元买了股票。这是一个比出售前面所述较远到期的期权的增益略高。如果我们待波幅率走高的时期出售期权，如财报公佈时，我们甚至可以获得更大的利润。

如果股价已上升，及相关股份在2012年1月20日到期後因期权被行使而卖掉，那麼你的股票可以说是赚了4.48元（92.50元-88.02元）的资本收益。如果股价在到期时远远高於行使价，例如，100元，你会蒙受每股7.50元（100元-92.50元）的机会损失，部分损失可以被收到的期权金（2.39元）和资本收益4.48元弥补。

如果备兑认购期权在股价到达高峰时被行使，这当然是一件好事。这意味著你持有的股票在价格开始下降之前售出。另一方面，备兑认购期权被行使後，如果股票价格继续上升，你以低廉的价格出售股份的损失，可以以重複用同样的策略来弥补。你应该迅速回购股份及售出备兑认购期权。如果股价升得更高更快，更高的波幅率将带动期权价格越高。如果期权价格高至可以超过以较低的价格出售正股股票的损失，那麼你仍然会赚钱。换句话说，当一个期权交易不顺利时，你不必坐在那里生闷气。如果你能未雨绸缪，并迅速采取行动，你可以扭转逆境。

在同一时间购买正股的股票及卖出认购期权的策略被称为"买写"。这是一个非常受期权经纪欢迎的策略，因为他们可以收两趟交易的佣金。对我来说，买写策略只有在少数情况下合算，一个是如果你的经纪人不允许你卖空相关股份的认购期权(不备兑认购期权)，但你发现了一个极具吸引力的认购期权短仓机会。

最後一点：如果你买了100股股票，及卖出行使价等於该股票的买价的认购期权（亦即买写认购期权），整个仓位的收益图会类似一个相同行使价的认沽期权短仓。下图显示了40元入货的股票和行使价40元的认购期权短仓的收益。在下一节我们解释认沽期权短仓後,我们将讨论两个策略的差异。

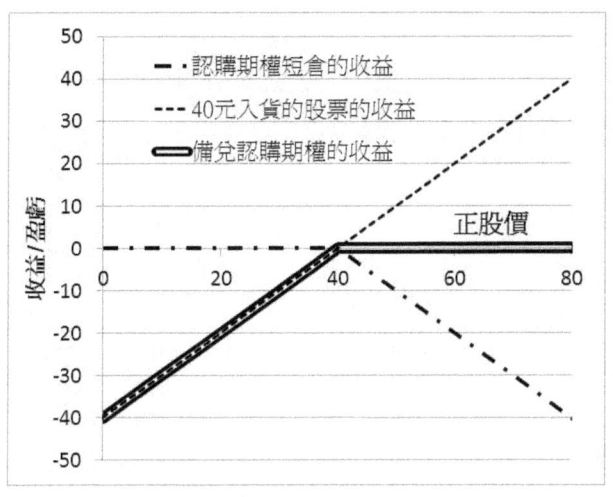

> **备兑认购期权风险和回报摘要**
>
> 最大利润:限於已经收到的期权金,并且如果正股的买价低於行使价,加上这两个价格之间的差异,减去成本。
>
> 最大损失:限於行使价减去已经收到的期权金,再加其他成本。它在当正股股价下降到零时发生。当正股股价低於行使价减去收到的期权金再减去行使价比正股买价高出的价值。
>
> 正股长仓的存在可以消除流动性资金不足的风险。

5. 认沽期权短仓

如果投资者希望从认沽期权的价值下降中获利,他/她可以开一个认沽期权短仓。他/她最大的盈利是他/她在出售期权时可以收到的期权金。如果当你需要平仓时期权的价值变为更高,那麼你会在这项投资赔钱,理论上的损失可以是无限。

由於股票价格下跌时，认沽期权的价值会上升，认沽期权的卖方希望看到相反的情况，即是在股票期权到期之前股价上升或至少维持在行使价之上。

假设，在2011年10月，你相信美国银行（BAC）最糟糕的情况已经过去，其股价於2011年10月11日收盘为6.37元，远低於在2011年年初的14元。

Put Options						Expire at close Friday, May 18, 2012	
Strike	Symbol	Last	Chg	Bid	Ask	Vol	Open Int
2.00	BAC120519P00002000	0.20	0.00	N/A	N/A	165	3,742
3.00	BAC120519P00003000	0.35	0.00	N/A	N/A	660	10,024
4.00	BAC120519P00004000	0.58	0.00	N/A	N/A	6,589	14,484
5.00	BAC120519P00005000	0.87	0.00	N/A	N/A	228	22,109
6.00	BAC120519P00006000	1.30	0.00	N/A	N/A	151	33,853
7.00	BAC120519P00007000	1.75	0.00	N/A	N/A	74	28,188
8.00	BAC120519P00008000	2.41	0.00	N/A	N/A	20	20,203
9.00	BAC120519P00009000	3.06	0.00	N/A	N/A	6	34,362
10.00	BAC120519P00010000	3.95	0.00	N/A	N/A	195	9,268
11.00	BAC120519P00011000	4.80	0.00	N/A	N/A	326	1,321
12.00	BAC120519P00012000	5.76	0.00	N/A	N/A	10	2,798
13.00	BAC120519P00013000	6.75	0.00	N/A	N/A	2	772
14.00	BAC120519P00014000	7.85	0.00	N/A	N/A	17	3,448
15.00	BAC120519P00015000	8.85	0.00	N/A	N/A	25	501

资料来源：雅虎财经

如果你认为，到2012年5月，美国银行股价不太可能会下降低於5元，你可以0.87元左右卖出行使价5元的认沽期权。每个合同，你将收到87元。由於当你买认沽期权时，股价为6.37元，行使价是5元的认沽期权是一个价外期权，所有的期权价值是时间值。只要期权在到期时每股股价不比行使价低0.87元以上，就可以赚取利润。这意味著，到期时的盈亏平衡股价(breakeven)是（5元 - 0.87元）4.13元。

如果你对股价乐观,你为什麽会持认沽期权短仓,明知它的增益是有限而损失可能是巨大的呢?当股价波幅率高时,期权的价格是高的。你可以一个好价卖认沽期权,而购买认购期权,则可能是太昂贵。如果波幅率在你卖认沽期权後下降,期权的价值会往下走,给你一个获利机会,即使股价没多大变化。

出售期权也让你一早收取现金。如果你的经纪对开始和维持一个认沽期权的短仓有非常低的按金要求,和你是短缺现金,那麽你出售认沽期权可能比买认购期权是更可行,但你必须密切监测你的仓位,以管理你的风险。

此外,出售认沽期权是一个以低廉的价格获得股票的很好方式,特别是价格不稳定的股票。假设你喜欢高通(QCOM)的股票,一家设计计算机芯片的公司。假设目前股价56.50元。你想购买一些股票,但认为市场可能在不久的将来把股价拖低一点点,然後股价才复原。你可以卖一个行使价在你的目标收购价附近的认沽期权,例如50元,到期日设在股价可能会见底时,例如从现在起5个月。在2011年11月,该期权价值是2.60元。这意味著,如果股票价格低於50元时,你的期权的买方可以在任何时候选择行使该期权,而你得支付50元来购买股票。既然你出售认沽期权时收到2.60元的期权金,你将只会在股票价格跌至47.40元以下才招损失。不过,既然你準备在50元买股票,你没有比如果你直接买了股票更糟。

由於出售认沽期权可以招致大的损失,其中的最大的损失发生在股价跌至零,而且如果你不能根据合同履行你的责任,你的经纪必须为损失负责,没有一定的保护,你的经纪不会让你开认沽期权的短仓。如果你的经纪是积极的,他将让你使用按金。如果他是保守的,他将从你的帐户中预留相当於认沽期权的最大损失的现金数额(现金抵押的认沽期权的短仓)。一个按金帐户的按金要求是每天计算,所以,当期权的价值有一天大幅攀升，如果你没有足够的现金来满足追加按金要求，你的仓位会被经纪关闭，令你的仓位没有任何复甦的机会。如果你的认沽期权短仓被行使，而你没有足够的资金购买相关股份，你的经纪人可以为你卖出帐户内的其他资产。这些都是出售认沽期权的风险。

由於具有相同的行使价和期权金的认沽期权短仓和备兑认购期权的收益图是相同的，我们怎麽能在两者之间选择？

大部分时间，这两个策略是用於不同的目的。正如前面所解释，备兑认购期权主要是用来创造收入和以略高价格出售投资者已经拥有的股票。投资者主要是看跌股票价格。另一方面，认沽期权短仓主要用於表达了投资者对股票价格没有变化或乐观的看法。在我看来，包括股票仓位的期权策略不应该与没有股票仓位的期权策略作出比较，因为股票仓位通常有其他用途，例如在过去的乐观看法的历史遺留，或满足期权交易对流动资金的要求。

有些人认为两个策略在股价下跌时均有保护性能，这两个策略可以互换使用，因为他们的收益图是相同的。当股票价格下降，认沽期权短仓有正收益，只要下降不超过收到的期权金金额。备兑认购期权的认购期权短仓可以抵消了股票长仓的损失，高达收到的期权金金额。但一个简单的认沽期权短仓跟在下一节介绍的保护性认沽期权有不同的收益图。因此，当讨论一个股票长仓的下行保护时，把简单的认沽期权短仓跟备兑认购期权相提并论不是很合适。

有别于股票长仓，你可以在不知道股票价格会否上涨时使用认沽期权短仓:你只需要非常肯定，股价不会进一步下降。

> **认沽期权短仓风险和回报摘要**
>
> 最大利润:限於已经收到的期权金。
>
> 最大损失:限於行使价减去已经收到的期权金,再加其他成本。它在当正股股价下降到零时发生。当正股股价低於行使价减去收到的期权金,这种策略便会招致损失。
>
> 如果在出售认沽期权前,正股股价的波动性是高的话,这将增加期权金价和赚取利润的机会。

6. 保护性认沽期权

保护性认沽期权是你为已经拥有的股票而买的认沽期权,好让在股价下跌时,你的股票价值下降的损失可以由认沽期权的升值抵消。因此,保护性认沽期权是一个防守的措施,而不是创收的策略。

保护性认沽期权的收益图与一个简单的认购期权长仓类似。当我们把股票仓位结合认沽期权的长仓,我们可以把每个收益图上的收益价值垂直加起来。股票长仓收益是在x轴与被认为需要保护的股票价格相交的45度线(假设两个轴使用相同的比例)。这个需要保护的股票价格通常被假设为目前股价,也是代表零收益的股票价格。关联的认沽期权的行使价通常也被设置在这个价格。

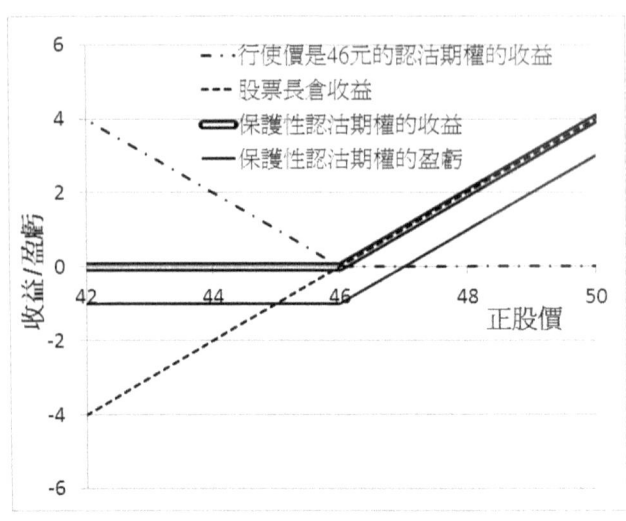

这种策略的存在并不表示我们应该使用它，或我们应在何时使用它。与我们考虑是否要购买人寿保险的情况不同，就股票投资而言，我们可以选择终止潜在的风险。如果我们担心股票价格可能大幅下跌，我们可以选择卖出股票，或购买保护性的认沽期权。

使用保护性认沽期权，而不是卖出股票的好处是，如果你的估计是错误，即股票价格不下去，你最多会蚀了你所支付的期权金。而如果你卖了股票和股票价格上涨了很多，你损失的利润可能会非常高。因此，保护性看跌期权限制你的利润损失。使用保护性认沽期权的另一个优点是，如果股票价格它首先下降，然後上升，你就不会错过机会买回较早时售出的股票。

不过，如果你是正确的，股价确实掉下去，购买保护性认沽期权成本比简单地在价格下降之前卖出股票较高昂。如果你想股价下跌时有彻底的保护，你买的认沽期权必须是深入价内期权，或是即将到期的等价期权。任何一个方法都不会便宜。

因此，我们要考虑的是哪一个的结果是更不可取，及这种结果的可能性有多大。在我看来，已取得了一定的利润而又担心损失的投资者还是卖股票会更好，而不是购买保护性认沽期权。对他们的股票前景非常有信心的投资者当然不会考虑保护性认沽期权或任何其替代品。

让我们再用苹果电脑（AAPL）作为一个例子。假设，首席执行官乔布斯去世後，你仍然有信心该公司将在未来继续成功，但你注意到，在短期内，该公司可能会遇到一些困难。你想继续持有你的苹果股票，但如果股价遇到暂时的挫折，你不希望蒙受损失。

2011年10月19日，苹果电脑收盘价为398.62元。其於2011年12月16日到期的认沽期权，在这些价格交易：

行使价	代码	价格
370.00	AAPL111217P00370000	10.30
375.00	AAPL111217P00375000	11.80
380.00	AAPL111217P00380000	13.50
385.00	AAPL111217P00385000	15.30
390.00	AAPL111217P00390000	17.35
395.00	AAPL111217P00395000	19.27
400.00	AAPL111217P00400000	21.95
405.00	AAPL111217P00405000	24.64
410.00	AAPL111217P00410000	27.45
415.00	AAPL111217P00415000	29.90
420.00	AAPL111217P00420000	33.10
425.00	AAPL111217P00425000	36.80
430.00	AAPL111217P00430000	40.00

资料来源：雅虎财经

由於这些价格是在股票价格是398.62元时发生，行使价是400元的认沽期权有1.38元的内在值和（21.95元-1.38元）20.57元的时间值。行使价是370元的期权是价外期权，所以他们所有的价值（10.30元）是时间值。

如果你在380元买了苹果电脑的股票，你应该买哪一个认沽期权来保障你的股票价值，如果你打算持有期权直到到期？行使价为400元的期权，其盈亏平衡股价为（400元-21.95元）378.05元。如果行使价为370元，其盈亏平衡股价则为359.70元。更高行使价的认沽期权因此将较早提供保护，但股价仍然要从400元下降5%以上，该认沽期权才是值得的。

> **保护性认沽期权风险和回报摘要**
>
> 最大利润：无限。等於股价的涨幅减去已收取的期权金。
>
> 最大损失：限於已经收到的期权金，再加其他成本。
>
> 这个策略只有当认沽期权的期权金是非常低时才合算。

7. 看好跨价组合

四个基本的期权类型(认购期权长仓及短仓，认沽期权长仓及短仓)可以混合和匹配，以创造更多的策略。跨价/跨期投资组合一般包括购买一个期权，同时卖出另一个相同类型的期权，即两个相同的正股的认购期权或认沽期权。如果这两个期权有相同的到期日，这个组合被称为跨价组合。如果他们有不同的截止日期，被称为跨期组合。

看好跨价组合是一个投资者使用两种期权来在股价上升中获利的策略。两个期权之一是用来实现策略的主要目标（从股价上升获利），而另一个期权用於达成其他的目的，比如以减少实施该策略的成本，或降低其风险。看好跨价组合的另一个优点是时间值损耗是中性——长仓的时间值损耗是由淡仓的时间值增益补偿。看好认购跨价组合涉及两个认购期权，而看好认沽跨价组合则涉及两个认沽期权。

讓我們先從看好認購跨價組合開始。它涉及到投資者購買一個行使價相等或略高於目前股價的認購期權，並售出行使價較高的認購期權，以減少第一個期權的成本。降低成本的代價是投資者必須接受有限的增益，即使股票價格上升到比第二個認購期權的行使價高得多。事實上，投資者可以從看好認購跨價組合得到的最大收益是兩個行使價之間的差異，減去淨期權金支出和佣金。如我們把行使價較低的認購期權長倉標記為"L"，和較高行使價的認購期權短倉為"H"，目前的股票價格是現貨價格，我們可以把收益方程列出如下：

認購期權長倉的收益 = 取其較高者（（正股現貨價- 行使價"L"），0）
認購期權短倉的收益= 取其較高者（（正股現貨價 行使價"H"），0）
認購期權長倉的收益+認購期權短倉的收益=取其較高者（（正股現貨價-行使價"L"），0）-取其較高者（（正股現貨價- 行使價"H"），0）

如果行使價"H">正股現貨價>行使價"L"，則總收益=正股現貨價-行使價"L"
如果正股現貨價>行使價"H">行使價"L"，則總收益=正股現貨價-行使價"L" -正股現貨價+行使價"H"=行使價"H" -行使價"L"
如果行使價"H">行使價"L">正股現貨價，則總收益=0

換句話說，看好認購跨價組合收益有限和下跌空間有限。目前的股票價格等於較高行使價時，它達到其最大的收益。即使股價繼續上漲，組合的回報保持不變。其最低回報是零。

例如，如果你以4元買了行使價38元的認購期權和以3元出售行使價46元的認購期權，其收益圖和盈虧圖表看起來像這樣：

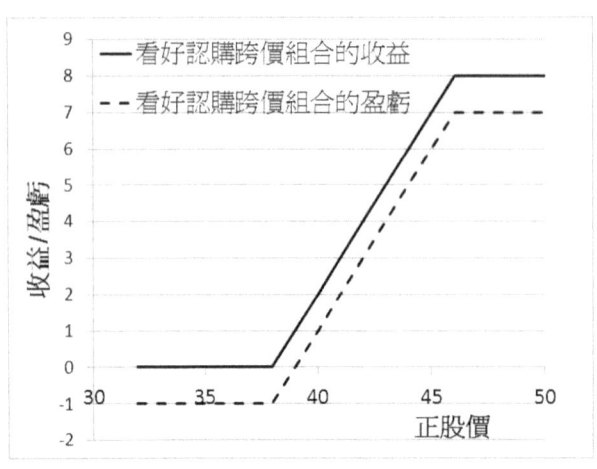

在任何时候,收益图和损益图表的价值相差是1元,因为你支付4元买认购期权及以3元出售较高行使价的认购期权。(如果你的买卖有一个净支出,就像这个例子,它被称为扣数交易。如果你的买卖有一个净收入,那麼它被称为进帐交易。)

看好认购跨价组合的实际表现是如何?从检查像以上的看好认购跨价组合的德耳塔值,假设无风险利率为3%和波幅率为40%,30天後到期,我们可以略知一二:

正股价	$36	$38	$40	$42	$44	$46	$48
认购期权长仓行使价38元	0.347	0.531	0.701	0.829	0.913	0.959	0.983
认购期权短仓行使价46元	-0.02	-0.056	-0.127	-0.237	-0.379	-0.531	-0.674
看好认购跨价组合	0.327	0.475	0.574	0.592	0.534	0.428	0.309

从以上使用布莱克斯科尔斯期权定价模型(流行的期权定价模型)的数据表,你会发现,看好认购跨价期权组合对股票价格的变动是最敏感的时候,是当股价是在两个行使价的中间。因此,当股价正在较低的行使价附近在上升,而看好认购跨价期权组合的价值似乎不上去时,不要感到太沮丧。

换句话说，看好认购跨价期权组合的甜蜜区，是当正股价在两个行使价的中点或附近，而且期权接近到期。如果你记得在前一章的德耳塔值图内，德耳塔值将走高时，是当认购期权是价内期权（看好认购跨价期权组合里的认购期权长仓位置），而当认购期权是价外期权（看好认购跨价期权组合里的认购期权短仓位置）并且即将到期，德耳塔值将走低。这是看好认购跨价期权组合可以把股价的小幅增长转成为大的组合价值变化的时候。

> **看好认购跨价组合风险和回报摘要**
>
> 最大利润：限於两个行使价的差异减去已付的净期权金。它在当股票价格达到价外认购期权短仓（较高）的行使价时发生。
>
> 最大损失：限於已付的净期权金，再加其他成本。它在当股票的价格是等於或小於认购期权长仓的行使价时发生。

看好认购跨价组合的一个变化是看好认购跨价比率组合(bull call ratio spread)。与其是购买一个认购期权和卖出另一个认购期权，看好认购跨价比率组合是每购买一个认购期权，我们出售超过一个认购期权。例如，在上述看好认购跨价组合，我们不是以3元出售一个行使价是46元的认购期权，而是以2.5元出售两个行使价是50元的认购期权。就像看好认购跨价组合，我们仍然以4元买了一个行使价38元的认购期权。收益和盈亏图将看起来像这样：

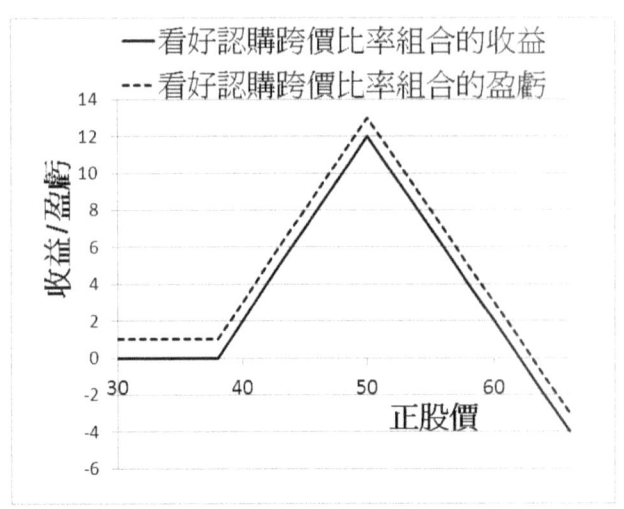

因为我们以每个2.50元卖两个认购期权，并花了4元买一个认购期权，我们实际上是净期权金收入（进帐交易）是1元。

看好认购跨价比率组合收益图是如下：

认购期权长仓收益　　+　　N　x　　认购期权短仓收益　　=
取其较高者（正股现货价 - 行使价"L"），0）
- N *取其较高者(正股现货价 - 行使价"H"，0)

N为行使价是H的认购期权短仓的数量。

从收益图，你可以看到，当股票价格在较低的行使价及较低的行使价加上较高和较低行使价的差异乘以二之间（行使价"L" + N ×（行使价"H" - 行使价"L"））， 比率组合具有正回报。在我们的例子， 这表示看好跨价认购比率组合在38元和 (2×（50–38）=）62元之间具有正回报。

这是好消息。坏消息是，如果股票价格超过62元，那麼损失可能高达股价减去62元（不计期权金），在理论上是无限的。这是否意味著比率组合风险是比看好跨价认购期权组合更高？单从收益图来看，它似乎如此。然而，如果我们在比率组合的认购期权短仓用较高的行使价，正如我们的例子中那样，那麽我们会减少比率组合将蒙受损失的机会。

如果我们仔细查看比率组合的德耳塔值，我们会意识到我们需要谨慎使用比率组合，因为当其回报是向下时（即当股票价格是50元以上），德耳塔值会比其回报是向上时（当股票价格是38元和50元之间）较高。这就是说，当正股的价格开始升逾比率组合较高的行使价，回报会迅速恶化。

正股价	38	42	46	50	54	58	62
认购期权长仓	0.531	0.8293	0.959	0.993	0.999	0.999	1
两个认购期权短仓	0.021	0.149	0.517	1.063	1.547	1.830	1.949
比率组合总德耳塔值	0.511	0.680	0.443	-0.070	-0.548	-0.830	-0.949

看好跨价认购比率组合风险和回报摘要

最大利润：它在当股票价格等於认购期权短仓（较高）的行使价时发生。它的价值是按以下公式计算：

卖出认购期权期权金的收入+（（行使价之差）-买入每个认购期权期权金的支出）乘以买入认购期权的数量

最大损失：无限，如果股票价格高於认购期权长仓加行使价的差异乘以出售认购期权的数量的总和。

现在让我们来看看另一个看好跨价组合：看好认沽跨价组合。它由一个行使价接近目前股价的认沽期权短仓，和一个具有较高行使价的认沽期权长仓组成。第一个期权，认沽期权短仓，让投资者收取期权金。这笔钱的一部分可用於支付第二个，较便宜的期权，因为它的行使价价格较高。剩馀的金额是净期权金收入。

如果正股的价格在仓位建立後上涨或横走，那麽投资者可以在期权到期後保留所有的净期权金收入。

第二个认沽期权，具有较高行使价的认沽期权长仓，在正股价格下跌(而不是上升或横走)的情况下，保障组合免受无限的损失。总之看好认沽跨价组合也有限制损失和有限增益。其收益图和看好认购跨价组合有相同的形状。

看好认沽跨价组合风险和回报摘要

最大利润：限於两个行使价的差异减去已付的净期权金。它在当股票价格达到或超过认沽期权短仓（较高）的行使价时发生。

最大损失：限於已付的净期权金，再加其他成本。它在当股票的价格是等於或低於认沽期权长仓的行使价时发生。

在两种类型的看好跨价组合之间，你如何选择？看好认购跨价组合包括购买行使价较高的认购期权和销售行使价较低的认购期权。看好认沽跨价组合需要购买行使价较高的认沽期权和销售行使价较低的认沽期权。我们想尽量提高收入和减少支出。

两种类型的看好跨价组合之间的区别是风险/回报特性。看好认购跨价组合最大的利润等於两个行使价之间的差异，看好认沽跨价组合最大的利润则是收到的的净期权金。它们最大的损失，是这两个值的相反。我们希望有更高的回报和降低风险。我们可以预先确定两个行使价之间的差额，相比收到或支付的净期权金，便可以看到在一个特定的时间哪一个看好跨价组合是优胜。

8. 看淡跨价组合

看好跨价组合的相反是看淡跨价组合。那些希望从股价下跌中获利的投资者可以开设一个看淡认购跨价组合或看淡认沽跨价组合仓位。

如果是一个看淡认沽跨价组合，投资者将购买行使价在目前股价附近的认沽期权，这样它会从股价下降中获利，并出售行使价在目前股价低一点的认沽期权以补贴购买第一个期权所需的现金。使用这种策略的投资者是预计正股价格只有小幅的下降。

认沽期权长仓的收益 = 取其较高者（（行使价"H"-正股现货价），0）
认沽期权短仓的收益 = 取其较高者（（行使价"L"-正股现货价），0）
认沽期权长仓的收益+认沽期权短仓的收益 =
取其较高者（（行使价"H" -正股现货价），0）-
取其较高者（（行使价"L" -正股现货价），0）
如果行使价"H">正股现货价>行使价"L"，则总收益=行使价"H" -正股现货价
如果正股现货价>行使价"H">行使价"L"，则总收益=0
如果行使价"H">行使价"L">正股现货价，则总收益=行使价"H"-正股现货价-行使价"L"+正股现货价=行使价"H" -行使价"L"

换句话说，看淡认沽跨价组合的利润和亏损都有限。当股价等於较低的行使价时，它达到其最大的回报，行使价"H" -行使价"L"。即使正股现货价低於行使价较低，回报的传播仍然会是两个行使价之间的差异。

看淡认沽跨价组合是一个扣数交易，因为具有较高行使价的认沽期权的期权金，始终是高於一个较低的行使价的认沽期权。

看淡认沽跨价组合的投资者将要付出更多来购买具有较高行使价的认沽期权，而以较低的价格出售行使价较低的认沽期权。下图所示是一个由以4元买的行使价46元认沽期权和以3元卖出行使价38元认沽期权做成的看淡认沽跨价组合的收益图和盈亏图：

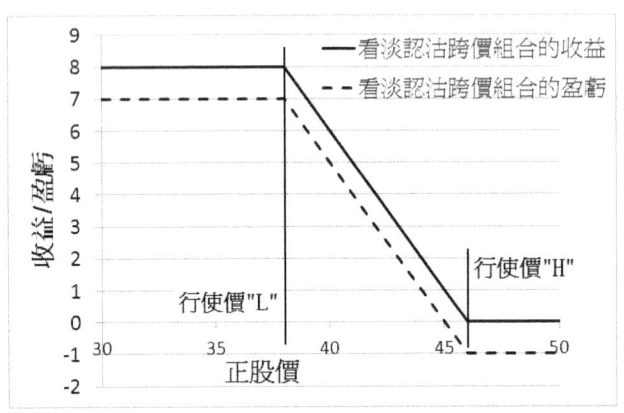

从图表可见，这看淡认沽跨价组合的最大收益是（46元 − 38元）8元。减去净期权金后，最大的利润是7元，这在正股价下降至38元或更少时发生。

看淡认沽跨价组合风险和回报摘要

最大利润：限于两个行使价的差异减去已付的净期权金。它在当股票价格达到或低於认沽期权短仓的行使价时发生。

最大损失：限于已付的净期权金，再加其他成本。它在当股票的价格是等於或超过认沽期权长仓的行使价时发生。

下面是看淡认沽跨价比率组合(bear put ratio spread)的收益图和盈亏图，是由买一个认沽期权（行使价H=46元）和销售两个

行使价（L）是38元的认沽期权做成，他们的期权金和以上的看淡认沽跨价组合相同：

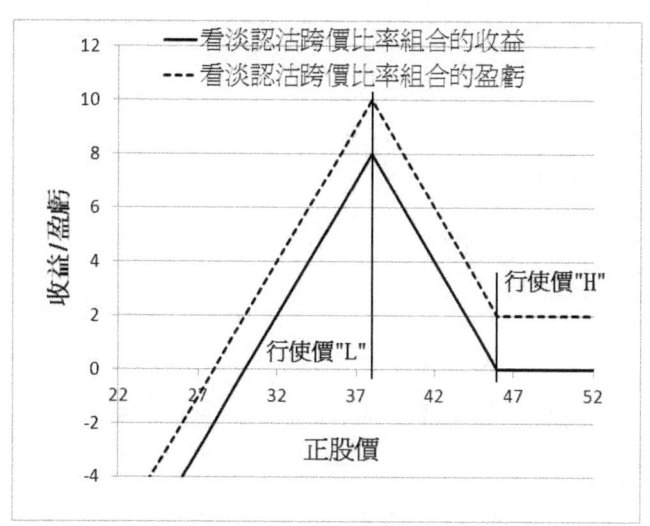

有了两个认沽期权的短仓，整个组合的利润轮廓得到了改善。如果投资者在开仓时有净期权金收入，整个组合便是一个进帐交易。这种优势的代价是，如果股票价格低於低点(L)行使价38元，利润会起初减少，然後，股票价格落在28元以下，它会开始积累损失。你可以使用收益和盈亏公式考核这是否正确。

比率组合的收益 = N1 x 取其较高者（（行使价"H"- 正股现货价），0）- N2 x 取其较高者（（行使价"L" - 正股现货价），0）

比率组合的盈亏公式 = 收益 - 已付的净期权金

N1为认沽期权长仓的数量，而N2是认沽期权短仓的数量。由於这是一个进帐交易，所支付的净期权金为负，所以净期权金金额应加到收益值上以得出盈亏值。盈亏图中可以看到，比率组合有两个盈亏打和点。在盈亏打和点，盈亏 = 0。在较低的盈亏打和点，正股现货价 = 2x行使价"L" 行使价"H" 已付的净期权金。行使价及已付的净期权金放入公式，我们可以找到较低的盈亏打和点的价值。

> **看淡认沽跨价比率组合风险和回报摘要**
>
> 最大利润：它在当股票价格等於(认沽期权短仓)较低的行使价时发生。限於认沽期权长仓的数量乘以两个行使价的差异，减去已付的净期权金（或加上已收到净期权金）。
>
> 最大损失：当正股的价格低於此值时，比率组合亏损开始出现：
>
> [N1 x (行使价"H" - 期权金"H") - N2 x (行使价"L" - 期权金"L")]/ (N1 - N2)
>
> 期权金"H"是买入每个认沽期权长仓所付的期权金，期权金"L"是卖出每个认沽期权短仓收到的期权金。最大的损失发生在股价下降到零时，损失是等於这个值：
>
> N1 x (行使价"H" -期权金"H") - N2 x (行使价"L" - 期权金"L")

看淡认沽跨价组合和看淡认沽跨价比率组合只适合当我们预计正股价格会下移少许，後者，比率组合，风险较大，但开仓支出较便宜。

如果投资者预计股票价格将会大幅下跌，可以使用另一种跨价期权组合。

9. 认沽背向跨价组合

认沽背向跨价组合(Put backspread 或reverse put ratio spread)涉及在接近目前的股票价格出售认沽期权，并在一个较低的行使价购买更大数量的认沽期权。由於整体来说组套有一个净认沽期权的长仓位置（认沽期权的长仓数量比短仓数量更多），它是一种用来表达对一只股票的高度看淡的策略。看看它的收益图和盈亏图，你便会看到如何使用这种类型的期权组套。

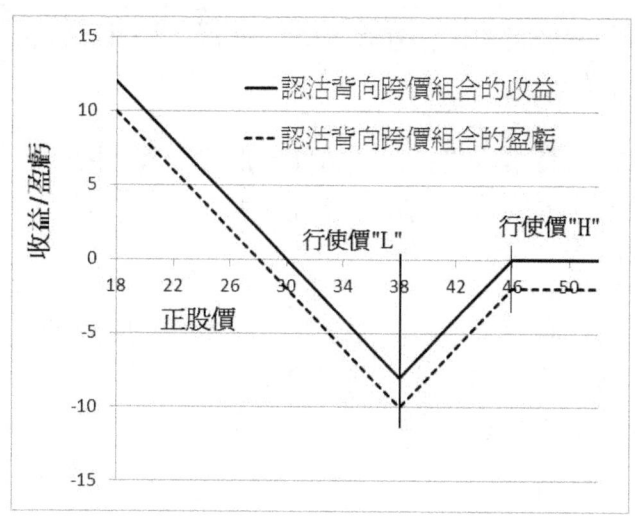

下面是一个简单的认沽期权,行使价是"L"。

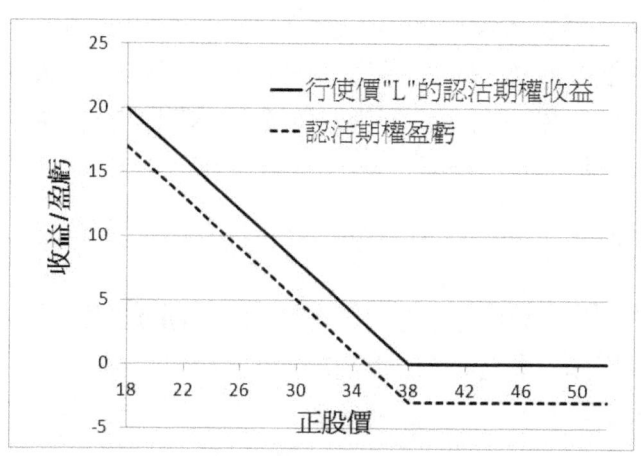

在认沽背向跨价组合图下显示的是一个简单的认沽期权长仓图。简单的认沽期权有与认沽背向跨价期权中两个认沽期权长仓相同的行使价(38元),和每个长仓相同的3元期权金。认沽背向跨价期权有一个短仓位置,从而替投资者赚得4元的期权金。因此认沽背向跨价期权有2元的净期权金支出,而简单的认沽期权长仓则耗资3元。这似乎是投资者希望从股票价格下降中获利,使用认沽背向跨价期权组套而不是一个简单的认沽期权长仓唯一的优点。事实上,当股票价格在行使价"L"的附近,认沽背向跨价期权是在亏损状况。

你也会留意到,由於当股票价格在行使价"L"的附近,认沽背向跨价期权收益较低,简单的认沽期权长仓在正股价低於行使价"L"时是更有利可图。

如果我们要使用认沽背向跨价组合,而不是一个简单的认沽期权,我们就需要有更具优势的认沽背向跨价组合。如果我们在认沽背向跨价组合使用叁个认沽期权长仓,而不是两个,会不会更好?

五号框　把多个期权的策略视象化

单一期权仓位也许很容易被理解,但涉及两个以上的期权的策略则可能是一个挑战。收益图和盈亏图是解释这些复杂的策略不可缺少的辅助工具,投资者应该能够从四个基本期权的收益和盈亏图绘製複杂的策略的图。

一些规则或许有帮助:

- 把多个期权的回报和盈亏的价值在图上垂直加起来,我们便可得到複杂期权策略在不同的正股价格的回报和盈亏图上的位置。

- 找出每个期权是价内的正股价格範围。在每个价格範围内,计算期权的净位置,便可获得收益图或盈亏图。

- 如果有多个相同类型的期权(例如,几个期权全部都是认购期权长仓,或有几个认沽期权短仓等),那麽收益图的倾斜度从期权开始重叠的行使价会比单一个期权的45度更倾斜。但无论倾斜度如何增加,它不会超过90度。

例如，让我们看看有两个行使价是"H"的认沽期权长仓和叁个行使价是"L"的认沽期权短仓的期权组合，行使价"H"是较行使价"L"为高。

这个期权组合的收益图会是什麽样子？认沽期权长仓的收益图有一个斜坡，由行使价向图表的左上侧延伸，而认沽期权短仓的收益图斜坡，是由行使价向图左下方伸展。从正股价是零，到行使价"L"，所有五个期权是价内期权，包括认沽期权短仓，只是短仓有负值，而不是正的价值。由於两个期权是长仓和叁个期权是短仓，其净效应是一个短仓，所以短仓的收益图将适用，这是一条直线，由x轴的行使价"L"以1单位向下比1单位向横的斜率向西南延伸。另一方面，当行使价是"L"，这条线在y轴的位置则需要从图的其右边找到。

在行使价"L"和行使价"H"之间，只有两个认沽期权长仓是价内。本段的收益是两个认沽期权长仓，即是一条由x轴上行使价"H"的位置以2单位向上比1单位向横的斜率向西北延展的斜线。在正股价等於行使价"L"时，y坐标的价值是行使价"L"和行使价"H"之间的差额乘以二，即净期权仓位的数量，加上收益图这段的另一端的y坐标价值。如果行使价"H"是20元，行使价"L"是14元，y坐标将是（2×（20-14））12元加上行使价是"H"时的Y坐标价值。在下图，行使价"L"是38元和行使价"H"是46元。你可以找出这收益图在行使价"H"的y坐标吗？

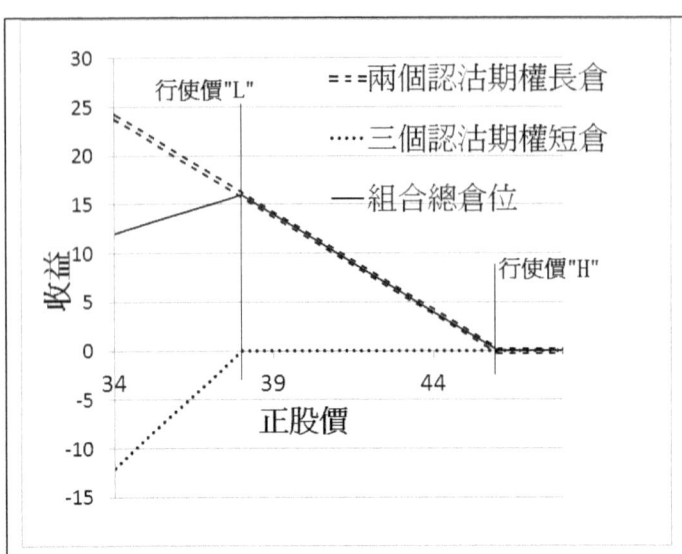

当正股价格大於行使价"H"时,所有五个期权都是在价外,这意味著,收益图的这段是一条沿x轴的水平线,其y坐标是零。

如果我们想像有叁个行使价是"L"的认沽期权长仓和一个行使价是"H"的认沽期权短仓的认沽背向跨价组合的收益图,我们不必绘製图表便能够推断出两点。首先,从正股价是零,到行使价"L",净认沽期权长仓位置的坡度会比前面所讨论的认沽背向跨价组合更陡。正股价每下降一个单位,收益将会上升两个单位。其馀的收益图与前面的的认沽背向跨价组合没有差别,因为在行使价"L"和行使价"H"之间,只有一个认沽期权短仓是价内。

第二,盈亏图将移低,幅度是一个额外认沽期权长仓期权金的价值。

总之,即使有叁个认沽期权长仓和一个行使价是较高的认沽期权短仓的认沽背向跨价组合,只有当股价非常低才比简单的认沽期权长仓有优势。如果我们要在认沽背向跨价组合和简单的认沽期权长仓之间作出选择,在我看来,只有当认沽期权短仓期权金是远远比一个认沽期权长仓的期权金高，认沽背向跨价组合才值得使用。这是一个简单就是美好的例子。

为了温习以上几个使用认沽期权的策略，我把他们放在下面的总汇表内：

	低行使价	高行使价	打算获利方法
看好认沽跨价组合	一个价外认沽期权长仓	一个价内认沽期权短仓	正股价小幅增长或平稳
看淡认沽跨价组合	一个价外认沽期权短仓	一个价内认沽期权长仓	正股价小幅下跌或平稳
看淡认沽跨价比率组合(範例)	两个价外认沽期权短仓	一个价内认沽期权长仓	正股价小幅下跌或平稳
认沽背向跨价组合(範例)	两个认沽期权长仓	一个认沽期权短仓	正股价大幅下跌

10. 利用股价波幅的马鞍式组合和勒束式组合

期权交易的主要吸引力之一，是他们可以从市场波动赚钱。期权理论认为，无论是认购期权或认沽期权，在股票价格的波幅上升时，一个期权的价格便会上升，而期权价格的实际变动，證明在大多数情况下，这是真实的。（理论上，波幅可以因股票价格的大幅向上升或大幅向下降而升值，在现实中，股价下降引起的隐含波幅率增加往往比股价上升引起的隐含波幅率变动大。）

有很多方式可以从股价的波动中获利。最纯净的方式，即是不在乎股票价格是上升或下降，是买一对相同的到期日相同的行使价相同正股股票的认购期权和认沽期权。这就是所谓的马鞍式组合(straddle)。这个组合的总成本是该对期权的期权金的总和。如果股票价格上涨，认购期权将增值，而认沽期权将失去价值，但损失是由总保费值上限。同样，如果正股价格下跌，认购期权将有亏损，而认沽期权将升值。只要正股价格在很短的时间内移动足够大，期权价值上升超过期权金的总成本，那麼这种交易可以是有利可图。反正理论是这样。

由於股票价格波动引起的期权值增长要大到足以支付两个期权的成本，我们需要两个条件到位，我们才开始应用马鞍式组合。一，预期波幅增长要大。二，我们要购买的期权期权金应该尽可能低。

例如，你观察到股票的价格波动在季度盈利公告一两个星期後比平常低，或股市如在五月和六月的几个月是平静的，而你相信价格波动会在未来盈利公佈前或今年年底前增加，你可以在这种时候，寻找一些廉价的期权，以实现波动增加後卖出期权的目的。

当股票价格的波动是低，和期权即将到期时，期权金价格便会低。因此，你没有太多时间，例如不超过3个月，可以用於等待股票价格波动增强。

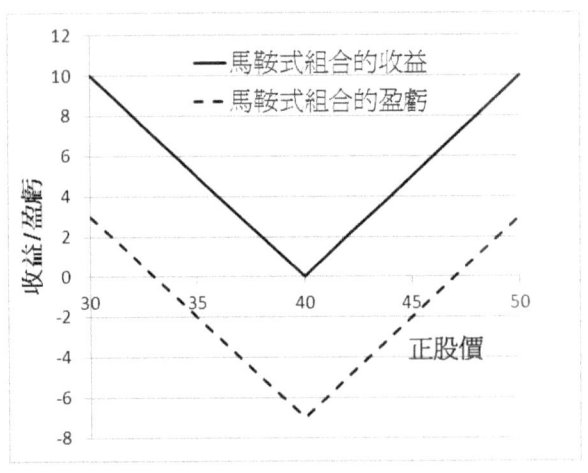

上图显示一个行使价是40元的马鞍式组合的收益图和盈亏图。两个期权支付的期权金总额为7元。盈亏平衡价格(打和点)在行

使价的+/-7元，这表示股票价格需要在行使价的前後移动至少7元，这个组合才是有利可图的。

为什麽这两个期权要有相同的行使价？想必你对股票波动的方向的看法，是在目前的股票价格的基础上形成。因此，你的期权行使价，应在或接近目前的股票价格。

当认购期权和认沽期权有相同的行使价，他们的理论德耳塔值的绝对值总和为1。例如，如果期权的行使价是等於目前的股价(等价期权)，和期权即将到期，他们的理论德耳塔值的绝对值都是0.5，认购期权的是一个正数，认沽期权的是一个负数。如果认购期权是价内期权，那麽认沽期权是价外期权，认购期权的德耳塔值的绝对值会比认沽期权的德耳塔值绝对值较高。如果股票价格上升更高，德耳塔值的影响，可能使认购期权的升值超过认沽期权价值的下降，这将令组合获利更多，如果持有期权至到期的话。换句话说，如果正股开始朝一个方向大幅移动，马鞍式组合将变成为一个方向性的投注。如果正股股价开始向上走，总德耳塔值的价值将是一个正数，因为认购期权将有超过0.5的德耳塔值（如0.6），和认沽期权的德耳塔值将超过-0.5（例如-0.4）。总德耳塔值（两个德耳塔值的总和）为0.2，这是一个略为看涨的赌注。

如果正股的价格开始下降，而不是上升，认购期权的德耳塔值将小於0.5（如0.4），而认沽期权的德耳塔值将小於 -0.5（例如-0.6）。总德耳塔值为-0.2，是一个略为看跌的赌注。波幅率越大，净德耳塔值可能会越大，使组合更加有利可图。

勒束式组合风险和回报摘要

最大利润：它在当股票价格远离行使价时发生。理论上，如果股票价格和波幅率上升，最大利润可以是无限的。如果股票价格下降到零和

> 波幅率上升，最大利润限於行使价。
>
> 最大损失：如果正股的价格停留在行使价或附近，最大损失是已付的总期权金（加上其他交易成本）。

由於马鞍式组合的成本相对单一的期权交易是很高，有些人设法降低成本。一种方法是购买行使价比正股现货价略高认购期权，和行使价比正股现货价略低的认沽期权。这个策略被称为勒束式组合(Strangle)。这些期权的期权金价格将低於等价期权的期权金。策略的弊点是收益图不再是一个V形，而是一个平底的槽形。这意味著，有一个股票的价格範围内，在扣除期权成本後你将不会从这期权组合得到任何收益。

或者，如果你相信股价会朝某一个方向走的可能性稍高，那麼你可以买一个行使价比较接近这个方向的期权，而另一个期权的行使价较远离这个方向。一旦你有不同行使价的期权，德耳塔值总和将不再是一。行使价较目前的股票价格更远的期权将比行使价更接近股价的期权有一个（绝对值）较低的德耳塔值。如果股票价格向行使价接近原先的股价的期权移近，即你预测股价会走的方向，那麼该期权的增值可能会超过另一个期权价值的下降。这将是对你有利。但是，如果股票价格向另一方移动，一个期权的增值可能小於另一个期权价值的损失。除了股票价格徘徊在两个行使价之间的风险，这是你必须清楚的另一个风险。

11. 反向铁蝴蝶

另一种降低马鞍式组合成本的方式，是出售另数个行使价比认购和认沽期权的行使价更远离目前的股价的期权，使这些额外的期权在到期时毫无价值的机会非常高，让卖方保留所有的期权金。例如，如果目前的股价为40元，你可以购买一个行使价是40元（中间行使价）的认购期权和一个行使价相同的认沽期权，然後卖一个行使价是30元(低行使价)的认沽期权，出售一个行使价是50元(高行使价)的认购期权，所有的期权都具有相同的到期日。这四个期权的收益图会是什麽样子，如果期权金分别是4元，3元，2.5元和3.5元？

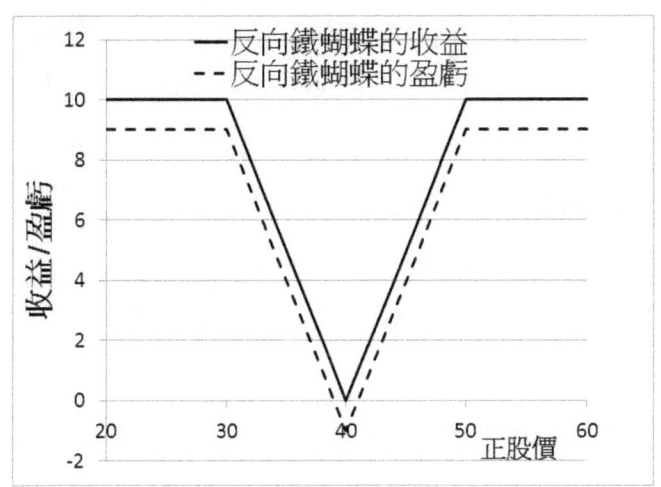

这就是所谓的反向铁蝴蝶(reverse iron butterfly)。（你可分别绘製四个期权的收益图，然後把他们的个别收益价值垂直地加起来，看看你会否得到此图，以测试此图是否正确）。从图中看到，盈亏平衡价（即是利润/亏损＝0）比在一个马鞍式组合的情况下更接近中间的行使价。这是一些投资者如何使用额外的期权以降低交易成本，或增加从基本期权策略收取的期权金的一个例子。许多花俏的期权策略名称，例如铁兀鹰组套是勒束式组合加上另一对在相反仓位的认购期权和认沽期权（如果勒束式组合里的期权是长仓，那麽第二对期权将是淡仓），是把不同行使价或到期日的简单期权层叠起来的策略。

除了这一个，还有其他类型的蝴蝶组合，例如买入蝴蝶式跨价组合(Long Butterfly Spread)，沽出蝴蝶式跨价组合(Short Butterfly Spread)，改良蝴蝶式跨价组合(modified butterfly Spread)，各有自身的风险回报特性。他们被称为蝴蝶组合因为收益图在横截面来看，形状就像一只蝴蝶，在中间行使价的中段看起来像一只蝴蝶的身体，和在两侧较远行使价每侧看起来像一个翅膀。

仅仅因为一个策略是複杂的，并不表示策略是优越的。买卖多种不同类型的期权交易成本高，因为每个策略内每一个期权都要支付佣金。一个反向铁蝴蝶涉及四个期权。每个期权的买卖价差使问题更加複杂。

反向铁蝴蝶风险和回报摘要

最大利润：最大的利润是高的行使价和中间行使价之间的差额，减去净期权金的支出。它发生在当股票价格比叁个行使价中最高的更高，或比最低行使价更低时。

最大损失：最大损失是限於购买两个期权的总期权金减去从出售其他两个期权收到的期权金。

---

12. 沽出勒束式组合

在上一节，我们介绍了使用一对期权短仓来降低马鞍式组合的成本的这一个概念。其实我们可以使用一对期权短仓本身作为创收策略。使用一对期权短仓，也就是一个认购期权短仓和一个相同合约月份认沽期权短仓，最好的情况，是当你认为，在股票价格历了一轮大的波动後，它会徘徊在一定的範围内时。认购期权短仓的行使价应该是股票逗遛的範围内的最高价，而认沽期权短仓的行使价是股票走势的最低价格。这就是所谓的沽出勒束式组合(short strangle)，如果它成功的话，我们可以保留所有从出售期权仓位收到的期权金。然而，如果它不成功，沽出勒束式组合可以招致巨大的损失，因此必须妥善管理。

在管理沽出勒束式组合，或任何期权交易的下行风险的第一步，是事前仔细佈局。

沽出勒束式组合的第一个动作可能是出售一个认购期权或认沽期权。当正股的价格已经在一个方向移动太多，很可能在不久的将来，在相反的方向移动时，便是我们选择一个期权的时候。如果股票的价格已经下降了很多，很可能已经见底，卖一个会给你一个安全度高的价外认沽期权。例如，如果一个股票的价格已经下降了15％，而在其最近的最坏抛售时是从最高价格下降了21％，你可能会把那个6％的差异增加一倍，用它来决定行使价低於当前价格12％。如果股价已上升太多，另一方面，我们应该出售有类似的安全度，高於当前股价的行使价的价外认购期权。

通过出售在相反方向的另一种期权，我们便完成佈局。如果我们趁股票的超买而卖了认购期权，我们的下一步的行动将是出售行使价是大大低於目前的股票现货价格的认沽期权。这个期权的安全馀量是比第一个期权宽裕，因为股价在第一个期权的方向是跑得过度，所以它很可能摆动返回，甚至稍微超越，股价的稳定位置，但大部分时间仍远离第二个期权的行使价。

这第二个期权有叁个作用。首先，它会为第一个期权淡仓提供有限的对冲。譬如第一个期权是一个认购期权短仓。一个认购期权短仓基本上是对正股价格看跌的赌注，如果股票价格上升，它会赔钱。另一方面，一个认沽期权短仓是对正股价格看涨的赌注。如果股票价格上涨，卖方可以保留期权金。因此，认沽期权短仓的期权金可以对冲部分认购期权短仓的潜在损失。如果股票价格下跌，那麼认购期权短仓的期权金将对冲认沽期权短仓的潜在损失。如果第一个期权淡仓是一个认沽期权短仓，类似的逻辑也适用。

第二，如果股票价格在到期时停留在预定的範围内，这个组合会提供额外的收入。我们收取的，不只是出售一个期权的期权金，而是卖出两个期权的期权金。

第叁，相比出售两个不相关的期权，该组合的按金要求会较低。如果你的经纪人允许你出售不备兑的期权，那麼他/她很有可能对沽出勒束式组合有一个比出售两个无关的期权较低的按金要求。

六号框 沽出勒束式组合的按金要求

一个网上经纪对沽出勒束式组合收取下列按金:-

出售不备兑认购期权: 认购期权期权金交易价+取其较高者（（20% x 正股现货价- 期权价外值），(10% x正股现货价）

出售不备兑认沽期权: 认沽期权期权金交易价+取其较高者（（20% x 正股现货价 - 期权价外值），(10% x行使价））

出售不备兑认购期权及不备兑认沽期权:
如果初始出售不备兑认沽期权按金>=初始出售不备兑认购期权按金，那麼，它等於:

初始出售不备兑认沽期权按金 + 不备兑认购期权期权金交易价; 否则,

如果初始出售不备兑认期权按金>=初始出售不备兑沽认期权按金，它等於:

初始出售不备兑认购期权按金 + 不备兑认沽权期权金交易价;

例子：
正股现货价是50元。行使价为55元的认购期权目前售价为4元50仙。行使价为35元的认沽期权目前售价为1元50仙。

初始出售不备兑认购期权按金: 4.5+取其较高者((20%*50-(55-50),(10%*50))=4.5+取其较高者(9, 5)= 每股13.5元

初始出售不备兑认沽期权按金: 1.5+取其较高者((20%*50-(35-50),(10%*35))=1.5+取其较高者(7, 3.5)= 每股8.5元

初始出售不备兑认沽期权按金>=初始出售不备兑认购期权按金，因此，总按金要求是13.5+1.5=每股15元， 比(13.5 + 8.5 =)24元少得多。

你可能会问，为什麽我建议卖出一个行使价在目前的股票价格附近的期权，然後卖另一个行使价距离目前的股价远远的期权，而不是行使价与目前的股票价格有相等距离的期权。这是因为我想这些期权有一个非常高的机会在到期时是毫无价值。股价在一个方向作出了极端举动後，我更能确定它最终要停下来的範围：它可以帮助我确定範围的一端。此外，股价的极端波动将推动期权金更高。缺点是，第二个期权你会得到一个较小的期权金。另一方面，当市场相对平静，选择一个中点为行使价，是为数不多的赚取一些收入的途径之一。

无论那种方式，我们必须做好準备以应付不利局面，并要能够迅速采取行动。毫无疑问，任何涉及出售期权的交易是有高风险。

七号框　　波动中获利策略

在2011年8月，当市场非常不稳定，一些从业员就如何从波动中获利给了建议。出现在2011年8月17日新加坡的商业时报的一篇文章中有此建议：

"最简单的波动中获利策略是结合两种类型的期权，创建一个股票或指数会留在里面的价格範围。这是通过出售认购期权，让认购期权的买方可以在议定价格购买股份，然後购买认沽期权，这使拥有股份的人可以在股价下降到一定程度时要求认沽期权卖方在约定的价格买入这些股票........两种期权的收支相互抵消，而投资者将建立一个被称为上下限期权的股票期权组合(或被称为衣领期权组合)。"

文章接著把最近在63元交易的联合包裹服务公司用作一个例子。

"......投资者可以每股2.50美元出售行使价是65美元的认购期权和使用相同金额买一个行使价是60美元的认沽期权。"

"弗农先生（比尔特莫尔资本顾问）说, '随著股价波动的蹿升，这是一种老练投资者会使用的策略.'在看到市场每天下跌几百点後，他们愿意放弃潜在利润。"

这里要注意叁点。一，它说明大多数人谈波动时，他们只关注下行风险。我们应该记住，波动不止於此。期权可以同时利用上行和下行波动的优势。

其次，本文忽略指出，成立一个适当的上下限期权组合，投资者应该首先拥有正股的股票。加入认沽期权的用途是为了保存正股的价值，如果股票价格下跌，而售出认购期权是减少认沽期权成本的一种方法。这叁个仓位的收益图加在一起是一个倒转的Z形。叁个仓位合起来，将是有限的利润和有限的损失。因此，这不是一个从波动获利的策略，而是降低股价下跌的下行风险。

第叁，仅考虑成本不足以决定一项期权交易。虽然出售认购期权可以降低下行保护的成本，投资者还需要考虑对上行增益的限制，以决定这是否值得。如果我们只有股票的长仓和认沽期权，如果股票价格上涨，只要价格上升的收益超过了认沽期权的成本，投资者可以获得股票价值的任何多馀增益。

沽出勒束式组合的例子

假设在2011年6月16日，你觉得谷歌（GOOG）的价格已经见底。股票价格是500.37元。你卖一个在2012年1月21日到期与行使价是430元的谷歌认沽期权。期权金价为16.763元。在同一天，你以0.684元卖出有相同到期日与行使价为750元的认购期权。这个沽出勒束式组合从6月17日至12月9日的表现在如下图所示：

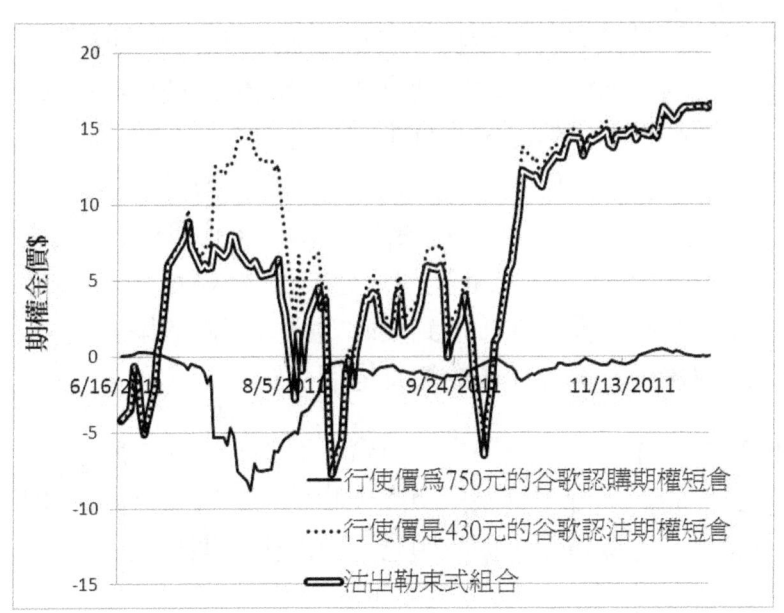

沽出勒束式組合最大的利潤是16.76元+0.68元=17.44元。如果沽出勒束式組合的价值达到17.44元，将相等於下图的100％。另一方面，最大的损失在理论上是无限的。在图中所示的时段，最大跌幅为-44.3％。

谷歌相对SPDR S&P500(SPY)与沽出勒束式组合的表现：

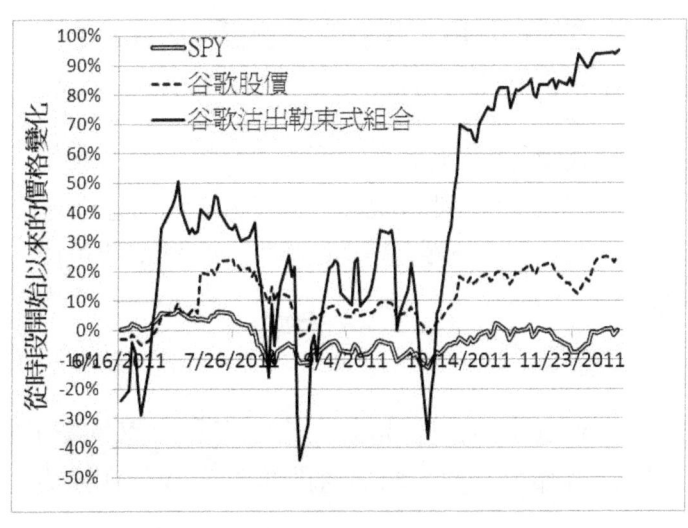

当谷歌的价格在6月30日一天内从506元上涨到521元，两个期权显著地朝相反的方向移动，沽出勒束式组合的价值被认沽期权短仓价值下跌所拖累。然而，八月後，认沽期权短仓的价值主导沽出勒束式组合的价值的方向。起初，这是因为谷歌的价格在550元的水平下面稳定下来，但後来，十月中旬以後，即使股票价格去回近600元水平，认购期权短仓的价值保持在一个较低的水平，显示时间值损耗在接近到期时对德耳塔值效果加速：当到期日即将接近，价外期权的德耳塔值变得更低。

如果我们有投资在这个沽出勒束式组合，而谷歌公司的股票价格继续与我们的两个行使价保持距离，我们可以等待合同到2012年1月届满，便可保留两个期权短仓仓位的全部期权金。

後见之明，即是如果我们事前已经看到上图，更积极的投资者可以有办法提高回报。例如，我们可以提高从认购期权短仓仓位的收益如果当股票价格是比较高的时候我们以一个行使价较低的认购期权短仓取代它。一个更活跃的投资者可以随著时间的流逝更频繁地更换期权，使行使价紧贴股价的高峰和谷低。

但是，我们要知道，更多的交易并不代表更高的利润。此外，如果股票价格跳出预期範围，沽出勒束式组合可以招致重大损失，因为期权短仓内含槓桿作用。我们将要重新评估我们的赌注，并迅速决定如何调整仓位。

总括而言，沽出勒束式组合仅适合经验丰富的期权投资者应用。倘若我们一开始采取足够的预防措施以限制风险，并愿意之後采取行动管理期权持仓风险，它是一个用很少的资本便可以从期权交易中获利的好方式。

13. 铁秃鹰组合

我介绍铁秃鹰组合(iron condor)仅仅是因为它的名称。这是一个适合规避风险的投资者却负有男子气名称的策略。我们在最後一节看到，只有当你愿意积极地处理风险，沽出勒束式组合才可以为你带来体面的回报。铁秃鹰(兀鹰)组合旨在以购买更加价外的期权来减少已沽出的一个或者两个期权价值大增的风险。

铁秃鹰组合是由下列仓位造成：

	例如：目前的股票价格是40元
卖出一个价外认沽期权	卖出行使价是32元的认沽期权，收到3元的期权金
买入一个(行使价更低的) 价外认沽期权	买入行使价是28元的认沽期权，支付2.5元的期权金
卖出一个价外认购期权	卖出行使价是48元的认购期权，收到3元的期权金
买入一个(行使价更高的) 价外认购期权	买入行使价是52元的认购期权，支付2.5元的期权金

其收益和盈亏图会如下所示：

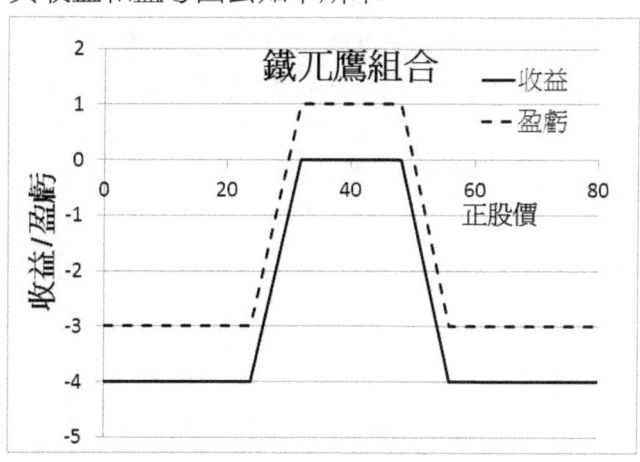

铁秃鹰组合的最大利润是收到的净保费。最大的损失是认购期权长仓的行使价减去认购期权短仓的行使价，再减去收到的净保费。

铁秃鹰组合是一种要花很多工夫才得小利润的策略。如果我们想增加最大的利润，我们需要认购期权长仓和认购期权短仓的行使价之间，或认沽期权短仓和认沽期权长仓之间，有一个较大的差异。但是，如果我们做到这一点，最大的损失也将增加。

> **铁秃鹰组合风险和回报摘要**
>
> 最大利润：限於收到的净期权金。它在当股票价格在认购期权短仓和认沽期权短仓的行使价之间时发生。
>
> 最大损失：限於认购期权长仓和短仓行使价之间的差异，或认沽期权长仓和短仓之间的差别，减去净期权金的收入。

> **八号框　　　"计划性回报策略"**
>
> 如果有一个基金，会保障你最初的百分之12%的损失-超过这道门槛後，你才开始招致损失-并给你市场收益的一倍直到8至12%的上限，你觉得如何？这是一个名为MDE集团的公司自2009年销售的基金。如果它给你听起来很好，这在2011年8月很可能是真的，因为当时市场非常动盪。.在这里，我们给你一个更好的消息：你可以运行自己的"计划性回报策略"基金，你不必支付管理费。线索是：衣领。

14. 衣领组合

衣领组合由下列仓位组成：

买入一百股股票	例如：

卖出一个价外认购期权 买入一个价外认沽期权	於2011年12月6日以每股181元购买100股AMZN的股票 以21元卖出行使价是190元及2012年7月20日到期的认购期权 以3.35元购买行使价是105元，同日到期的认沽期权

衣领组合基本上是有备兑的认购期权短仓，加上认沽期权长仓。投资者是对股票的不久的将来业绩看淡。她买了认沽期权，然後使用认购期权短仓收集一些款项，以抵销认沽期权的部分成本。或者，她可能一直用备兑认购期权来赚取一点收入，但偶尔感觉需要防範极端股价崩溃。

最有可能的是投资者已经拥有股票一段时间，股票价格上涨了不少，因此投资者想以比购买一个认沽期权成本更低的方法保护目前的收益。如果投资者不是已经拥有股票，那麼看跌股票价格的意见可以用简单的认沽期权或看淡跨价期权表达，除非在看淡跨价认购期权的情况下，投资者的经纪人并不允许出售不备兑认购期权，或在看淡跨价认沽期权的情况下不允许出售无现金抵押的认沽期权。

以扣数交易的期权金收支设立衣领组合是可能的，即是从认购期权短仓收到的期权金是小於买认沽期权支付的期权金，但是这样的衣领组合不太吸引。

下图包含一个衣领组合的收益图和盈亏图。投资者以43元购进股票。认购期权短仓的行使价是48元，让投资者收到3元的期权金。认沽期权的行使价是32元，期权金费1元。

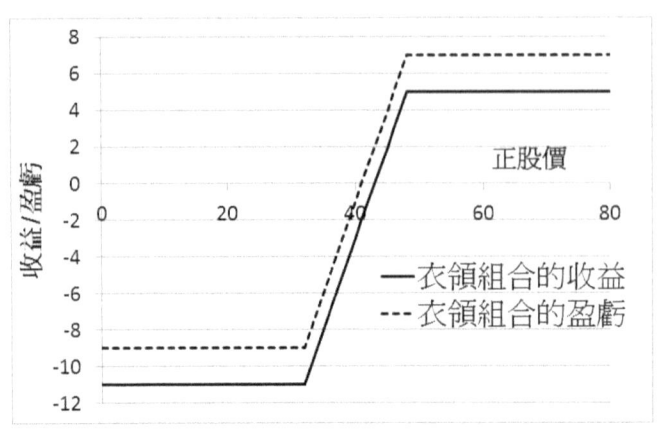

具有讽刺意味的是，衣领组合的收益图是类似看好认购跨价组合：前者旨在保护纸上未实现的利润，而後者则旨在从股价上涨中获利。就好像备兑认购期权和认沽期权短仓之间的异同。有股票仓位的期权组合可以是很难理解的。

如果我们在一本计划性回报策略基金的宣传册子中使用上面的例子，我们可以说，我们的策略会保障你最初的5%的损失，因为净收期权金是2元，是股票买入价43元的4.6%。当股价上升到48元，即是认购期权短仓的行使价，利润是7元，比较单是股票的5元利润多了40%。通过寻找合适的股票与行使价（以获得更高的净期权金），我们可以改善下行的保护以及上行收益，从而增加我们的基金的吸引力。例如，我们得到的净期权金是3元，那麼下行的保护最多是最初的7%的亏损，最大的利润将增多60%(3元除以5元)。

然而，我们的宣传册也必须告诉你，如果股票价格升越48元，利润不会有任何增加。从股票仓位的收益将被认购期权短仓（行使价是48元）的损失抵消。另一方面，股价下降到32元後，损失不会扩大，因为任何股票从仓位的额外损失将被认沽期权长仓的收益抵消。因此，最大的损失是等於11元（股票的购入价减去认沽期权长仓的行使价）减去收到的净期权金。

> **衣领组合风险和回报摘要**
>
> 最大利润：限於认购期权短仓的行使价与股票的购入价之间的差异，加上收到的净期权金。它在当股票价格等於或超过认购期权短仓时发生。
>
> 最大损失：限於股票的购入价和认沽期权长仓行使价之间的差别，减去净期权金的收入。它在当股票价格低过认沽期权长仓行使价时发生。

另类期权策略
-以股票仓位及认购期权短仓捕捉股息

我在之前解释了现金股息和期权价格之间的关系。在除息日或即後，股价通常会下跌一个跟股息相同的金额，而深价内的认购期权价格也因此下降。如果你拥有一个认购期权，其正股在不久的将来会除息，这种关系有什麽意义？例如，你刚刚以30元买了行使价是70元的认购期权，而其正股目前价格为100元。该公司在一周前宣布，它会从现在起计3天後除息，股息的价值是2元。你在买了期权後才知道这一情况。

你有几个选择。

（一）继续持有期权，而不理除息事件。除息即後，你的期权值可能下降2元。

（二）现在行使期权，让你以每股70元买股票，连同期权金你实际支付100元买进股票。股票除息时，你会收到2元的股息，但股价会以相同的价值下降。你没有任何得失。

（叁）出售期权和购买股票。如果期权的价格仍然是30元，那麽这个行动产生和（二）相同的结果。你以30元卖出期权，跟你付出的相同，并支付100元购买股票。但是，如果期权价格现在比以前更高，这是比以上（二）更好的选择。另外，如果期权的价格已经下降，那麼（二）会比这个方案更好。

如上文所示，在许多情况下（二）是更好的选择。这是提早行使期权的优点的例子。

机构投资者和对冲基金，他们经常使用提早行使期权的优点，作为做一个无风险的期权交易的手段。设置是这样的：首先，刚在除息日之前，他们购买正股的股票。然后，他们出售这些股票的价内认购期权。现在，这些交易商拥有备兑认购期权仓位。期权金加上行使价必须等於或超过目前的股价。刚除息後，一些期权买家将行使他们的期权，而相应数量的期权将被分配以履行这些期权合同的义务，但其馀的期权则不会被分配。因为有关的期权没有被分配而不交付的股票，将可以收到现金股息。股票除息後，他们可以出售股票，并在同一时间买回认购期权，即平了认购期权短仓的仓位。假设除息後，股票价格以与股息相同的金额下降，而认购期权期权金也下降了相同的金额，期权交易者可以在无风险的状况下保留股息，因为持认购期权短仓的风险完全被正股股票对冲掉。

九号框 "至激"期权策略

如果我们能够观察到期权市场的一些价格模式，我们可以制定在执行上被视为"至激"的策略。例如，期权交易专家杰夫•奥热(Jeff Augen)在一本书中详细介绍了他如何利用在到期日的股票期权价格模式以及在到期前最后几个小时波动率的崩溃，可以采用几种不同的期权策略来获利。

策略之一是受益于在期权到期的迅速崩溃的波动率。策略是在到期最后两小时沽空马鞍式组合，其行使价设在接近那一天的股票的可能收盘价。这两个期权短仓的价格预计将下降，猜对了股票收盘价的一方期权短仓价值的下降超过猜错的一方的价值的下降。虽然每个沽空马鞍式组合的利润可能是小的，风险也非常小。

总结

我们可以使用不同的方式,重申以上的基本期权策略, 譬如:

核心和非核心持股股票组合的期权

你可能有一个股票组合,包括一组你想保持叁年以上的股票(核心持股),和其他你打算不时买卖以赚取短期利润的股票(非核心持股)。核心持有的股票往往是在成熟阶段的大型企业,而非核心持股的股票可能是当时得令的热门股,或在高增长阶段的公司。与其每时每刻都把所有资本充分投资,因而要忍受股票价格时而沉闷,时而极度动盪的烦恼,你可以从这个组合拨出10%至15%的资本来作期权交易,以达到以下目的:

(一)创收。出售核心持有的股票的价外认购期权。我们的目标是让期权到期时变得毫无价值,使我们可以保留所有收到的期权金。

(二)创收。在除息前夕出售核心持有股票的价内或等价认购期权,然後在除息後的不久,当股票价格下降後,把期权买回来以平仓。

(叁)在市场週期的资本保障。当在你的核心控股的股票出现超买,你可以买认沽期权,以保护至少部分核心持有股票的价值。

(四)从市场的波动获得资本性收益。出售你的非核心持有股票的等价或略为价外认购期权,以赚取在动盪市场的较高期权金。你不介意非核心股票被交付(因为期权被行使)。

上面的例子是一些适合有核心和非核心持股组合的基本期权策略,它们涉及中/低资本风险和低资金流动性风险(所有认购期权短仓，都有正股股票备兑）。如果连续重複使用这策略，它们每年可能会为你的资本增值3至8%，实际收益视乎市场条件和技能。你获得更多的经验后，你可以逐步尝试使用更积极的期权策略，例如那些涉及裸卖期权短仓以增加利润，但这也将增加你的风险水平。

适合价值型股票组合的期权策略

价值投资者在价格低时买入优质股票，长期持有这些股票，或直到基本因素变得非常不利。即使在市场非常动盪的时候他们也不会出售这些股票。他们通常会预留一些现金，等待当机会出现时买到好股票。如果他们使用其中的一些现金作期权交易，有机会提升该组合的价值。

适合价值型股票组合的期权策略的例子：

（一）资本收益和在市场动盪时的股票积累。当你持有的股票出现超卖，如果你购买很长时间才到期的深价内认购期权，例如长期预测證券，你可望在股票价格逐步复甦时获利。如果接近到期时你的期权仍然是价内期权，你可以选择继续持有他们直到到期，让他们自动被行使，即是你以低廉的价格购买更多你喜欢的股票。

（二）创收。当市场相对平静，你可以卖股票的轻微价外认购期权，或当市场过度旺盛，卖远远价外认购期权。你基本上不想你的期权被行使。你的策略是等待期权到期时没有价值，让你可以保留期权金。

由於价值投资者通常的立场是偏向持有长仓，并对他们的股票的实力有坚定的信念，他们没有理由购买认沽期权作保护股票价格下跌的目的。

适合成长型股票投资组合的期权

成长型股票的投资者持有的股票是在增长阶段，或是预计在不久的将来快速增长。成长型股票的投资者应见惯波动，在股票前景变坏时不应捨不得出售其股票。如果你拥有一个成长型股票投资组合，投资组合只能从股价升值中获得价值，而不是从创收。这样的股票投资组合，可以用的期权策略是：

（一）在股价调整时谋取资本增益：成长型投资者都知道，其股票的价格可以很不稳定。一个暂时的挫折，譬如说，一个新产品的推出日期被延迟，可以随时引发股票价格下跌10%。在一个可能是坏消息的盈利或是产品公告前购买认沽期权是有机会图利。

（二）利用回升为资本增益：当自己喜爱的股票大幅下跌，成长型股票的投资者可能会认为这是购买更多的时间。使用简单的认购期权可以是一个低资本的方式来获得相同的功效。利用跨价期权以更高行使价的认购期权短仓来减少认购期权的成本，是以同额的资金获得更大的功效，但风险也较高。

这两个策略的成功率是难以确定。这视乎你多了解你的股票，以及一定程度的运气。然而，如果成功的话，它们有助於限制下行风险，增强上行机会。

十号框 跨价期权的真正诱惑

当我解释的各类简单跨价期权时，我似乎在说他们的主要吸引力是以承担有限的风险来获得一个小的利润。

事实是，跨价期权还有另一个受欢迎的原因。虽然沽出勒束式组合比在同一时间卖出不同的股票的认沽期权和认购期权具有较低的按金要求，简单的跨价期权（即两个期权是相同的类型，无论是认沽期权或认购期权）按金要求计算公式可以使一个认沽期权短仓的按金要求大幅减少。

芝加哥期权交易所建议简单的跨价期权按金要求计算公式，并被许多经纪所采纳，是认沽期权长仓(认购期权短仓)行使价低于认沽期权短仓(认购期权长仓)行使价的金额。期权长仓必须全额支付。出售期权短仓所得款项可用于支付按金要求，只要期权长仓在期权短仓同时或之后到期。

与简单的认购期权短仓按金要求相比："期权金的100%，加上正股价值的20%，减去(如果有的话)期权价外的金额，或不少于期权金的100%加上正股价值的10%，如果是认购期权。倘若是认沽期权，则不少于期权金的100%加上期权行使价的10%。

假设在2013年1月20日你想卖出行使价是480元及在2013年2月16日到期的苹果电脑(AAPL)认沽期权，而在上一个交易日AAPL收市价为500元。该期权的价格为14.75元。芝加哥期权交易所（CBOE）的期权按金计算器计算出，在运用出售淡仓所得款项后，期权按金要求是8000元。

现在，如果你卖同一个期权，及同时以3元买一个相同到期日行使价是430元的认沽期权，总按金要求只是3,825元，不到单一认沽期权短仓一半的按金要求。所以，两对这类型的跨价期权使用少过8,000元的按金价值，我们就可以每股赚取14.75元及3元的差异，即2,350元，及承担比只销出一个认沽期权少得多的风险。

两个按金要求之间的主要区别是，对于跨价期权，唯一重要的是期权行使价之间的差异，而卖出认沽期权，按金要求是取决于当前的股票价格，收到的期权金及行使价。

6 仓位的调整

如果你买了一对具有相同正股及相同行使价和到期日的认购和认沽期权，期望在波动增加时获利（换句话说，马鞍式组合），而相关资产的价格从那时起确实发生了很大变化（向上或向下），但你担心，它可能很快改变方向，你该怎麽办？

仓位调整是指对你的期权仓位除了平仓以外要作出的变动，以改善其收益或前景。当在你开了一个期权仓位後，如果正股的价格走势对期权交易是不利的，或可能变为不利，你有叁个选择：

1. 把你的期权仓位平仓，即是买回你卖出了的期权和/或出售你买了的期权仓位。这将阻止任何收益恶化；

2. 添加更多的期权仓位来停止回报的恶化，和创造改善的可能性，即调整期权的仓位；或

3. 什麽也不做，等待你的期权到期。

如果你持有期权长仓，他们是即将到期，你可以选择方案3，以便局限进一步的损失。让期权过期的话，你不必支付平仓的佣金，不像方案1的情况。

例如在马鞍式组合的情况，你可以平仓，即是如方案1般卖掉认购和认沽期权，或出售与目前正在赚钱同一类型的期权，锁定一些因正股价格波动而增加的收益，因为期权金跟随正股价的波动而升值。如果股票价格一直走高，你的认购期权应该在赚

钱，而认沽期权在赔钱。如果你担心正股价移动的方向将改变，你可以卖出一个价外的认购期权（行使价高於原先期权）。如果股价的确下跌，这认购期权短仓将获利。这是方案2下的一个例子。

如果你选择的期权策略导致一个净短仓的情况，和/或其德耳塔值是极度正或极度负，那麼不利的股票价格变动可能造成很大的破坏。你可能还记得，淡仓有差不多无限的下行风险。即使你的淡仓是属於不同类型，例如：一个是认购期权短仓和另一个在不同的行使价的认沽期权短仓，在一方的损失只能由其他短仓取得的增益缓解，但不能完全补偿。因此，你更好的选择会是方案1或方案2。

有时甚至你的期权还有很长远时间才到期，你可能仍然会被迫采取行动。

假设当谷歌的股价是540元时，你以每股5元卖出行使价是480元的认沽期权短仓。跟著在一两个星期之後，谷歌股价下降至490元，就像在2011年8月时所发生。现在，你的认沽期权短仓市值12元。你有一个每股7元的纸上损失。如果你有足够的资金来满足按金要求，并且你非常有信心，在期权到期前，谷歌股价不会跌低於480元，那麼你可以稳坐，什麼也不做。不过，你也可能承担了太大的风险。

如果你开始认为，谷歌股价很可能在期权到期前再下降多一点点，或满足按金要求的资金是越来越紧，但你仍然认为，谷歌的价格很快就可能见底，那麼你可以这样调整你现在的仓位：

首先，你退出你当前的仓位，以12元买回认沽期权。

然後，你卖一个行使价是430元的认沽期权，因为你不相信谷歌股价在到期前会低於这个价格，其期权金为10元。当你先前的认沽期权升了值， 其他在同一系列的期权的价值也上涨。

你的第一个交易录得7元的损失。在第二次交易，你收到的10元抵消了这一损失。总的来说，你的认沽期权短仓得到3元的收益。这样的结果当然是小於如果你原来的预测是正确的，因为你的收益会是5元，而不是3元。然而，在期权交易有一件事我们必须学会，这就是：保障资本比较要證明自己是正确的更重要。

行使价由480元转移到430元会给你更大的机会赚钱，相比如果你什麽也不做。它也会减少仓位的按金要求。如果你的资金不足以维持按金馀额，你将被强制平仓，即使你的仓位如果不提前平仓是很可能变成是有利可图。

或者，你可以以两个行使价更低（例如390元）的认沽期权短仓取代你的第二个期权交易，如果这两个期权短仓的期权金总和有足够的吸引力。你认为，除非有大灾难摧毁了正股公司的大多数物业，正股的价格几乎没有机会跌至低於那个水平。因此，即使这两个远远价外期权的期权金通常是很小，你差不多可以肯定你可以保持它的所有。你也把本来导致你原先的期权亏损的股票价格波动变成优势，因为所有的期权价格因此变得更高。

除了期权金保留的可能性，两种调整期权仓位方法之间的区别在於按金要求。即使按金要求的多少是与行使价从股价多远有关，两个行使价较低期权的按金总要求，仍可能高於行使价较高的一个期权。如果你的资金紧张，这将是一个重要的考虑因素。

在开期权仓位前有一个调整仓位的计划，特别是那些涉及净短仓的策略，是非常重要的。

从上面谷歌的例子，你可以看到，如何调整仓位的决定取决於你对仓位恶化的原因诊断。不同的原因需要不同的调整。常见的原因是：

1. 时序。你选择的股价方向是正确的，你只愿你的期权可以迟些到期。

2. 规模。你选择的股价方向的是正确的，但当所有的成本都计算在内时，期权值的变化程度不足以使仓位有利可图。

3. 方向。你猜错股票价格变动的方向。

4. 期权定错价。甚至当你猜对了股票价格变动的方向，期权的实际价格与最流行的期权模型预测的期权值有显著不同。

如果你的仓位失利的原因是第一项，那麽把你的仓位滚前将是一个适当的调整。我的意思是把现有的仓位平仓，然後开同类期权的仓位，但是选择更远的到期日和更价外的行使价。例如如果你已经卖了一个苹果公司（AAPL）行使价是380元并会在一个月内到期的认购期权，而目前苹果公司的股价是370元，和你认为股市看涨的情绪不会很快结束，你可以买回来原来的期权，以停止进一步亏损，然後出售苹果公司将在叁个月後到期的期权，行使价比如是420元，视乎你对股票价格波动的评估。

当你买回原来的认购期权，你可能会有损失，因为正股现市价格相比当你卖出认购期权时可能更接近行使价。你可以以新的认购期权短仓收取的期权金抵消至少部分损失。这个简单的仓位滚前的一个变化是出售超过一个行使价更高的认购期权，从而进一步减少成为价内期权的可能性，并同时收得更多的期权金。

与其滚前期权短仓仓位，何不维持现有的仓位，但添加新的仓位，以达到同样的目标？通过添加新的仓位，你可以抵消现有仓位的一些德耳塔值。例如，你可以购买具有相同到期日的价内认沽期权，这样，任何从认沽期权短仓的损失，可从认沽期权长仓的收益收回。如果认沽期权长仓有一个较远的到期日，那麽其德耳塔值比具有相同到期日的认沽期权长仓的德耳塔值较低，结果，从认沽期权长仓的增益可能是小於从淡仓的损失。然而，认沽期权长仓的期权金可能相对出售第一个认沽期权时收到的期权金的较高，因为它是一个等价期权。因此，在我看来加入一个较长的到期日的认沽期权不是一个优越的调整。

我们能想到许多方式来调整一个期权仓位。你甚至可以使用认沽认购期权等价公式（见八号框），根据你的风险偏好和股票价格的情况探索替代方案。例如如果你卖了一个认沽期权，股票价格已经下降，并看似继续下跌，你会希望完全改变你的赌注。你可以为每个售出了的期权买两个认沽期权，或你可以购买一个认购期权和卖空股票，这将有效地中和你的整体仓位，令你的收益在到期不会受到任何的股票价格改变的影响。或者，如果你有一个跨价比率组合，你可以添加更多的仓位来改变整体的风险状况，使其增加或减少对股票价格变化的敏感度。如果你有一个保护性认沽期权，和你目前已经不是担心股票价格的下跌，而是股价突如其来向上或向下的举动，你可以添加一个价内认沽期权长仓，把整体仓位转换成为一个人工合成的马鞍式组合。

最重要的是，我们做好事前的分析，衡量每个方案的好处和成本以及发生的可能性，使我们能够在有需要时尽快实施优化的调整。

| 十一號框 | 認沽認購期權等價公式 |

如果借款和貸款成本是相同的，及認購及認沽期權的價格有相同的隱含波幅率，那麼，理論上在沒有涉及股息的情況下，下面的公式應該是有效的：

$$C - P = S - PV(K)$$

在同一時間購買歐式認購期權（C）和出售同一正股具有相同的行使價（K）和到期日的歐式認沽期權（P）會給你相當於直接擁有等同期權合約的股票（S）數量減去相當於期權行使價在到期日的價值，與它相同的風險和利潤狀況。PV(K)是等於期權到期時行使價金額的現值，假設利率是已知和不斷複合的。如果這個公式不成立，那麼有人會買便宜的一方和銷售更昂貴的一方，賺一個理論上無風險的利潤。

如果我們繪製一個包含認購期權和相同行使價認沽期權短倉的組合的收益圖，我們可以看到，這是相當於一個股票的長倉減去行使價。

因此，我們可以使用公式中的其他組件人工建成任何等效的期權倉位。同樣，如果我們要抵消一個期權倉位，我們可以在公式中的每個組件添加一個負號。例如，如果我們需要中和一個認沽期權短倉，我們將建立一些具有認沽期權長倉相同功能的倉位，比如這樣：

$$P = C - S + PV(K)$$

這表示，在理論上，我們可以買認購期權，然後短出等效數量的正股倉位，並借入數額相當於行使價的現金，然後再不必擔心從認沽期權短倉的損失。

現實中，當你以一個等於方程式中的行使價的價格購買股票，股票的利潤和損失狀況與S-PV(K)相同，因為如果股票的價格高於行使價，你便獲利，低於行使價時你便賠錢。因此，S*= C - P.

因此，例如你可以以期權行使價購買股票和購買認沽期權來模擬持有認購期權的效果。如果股價高於行使價，認沽期權沒有價值，而股票將獲利。如果股價低於行使價，認沽期權將賺錢，但收益會被正股長倉的損失抵消。

什麼是關於規模的問題？這是指，你猜中股票價格走勢方向和時間，但期權的價值的變動不足以支付費用。有很多方法讓你增加你想要的德耳塔值，只要你不太增加成本。這表示適當的對策會是跨價期權，跨價比率組合，或出售另一種期權。

如果你猜错了方向，你应该首先考虑是否值得扭转方向，因为这可能是昂贵的，抑或直截了当地平了现有的仓（即买入期权以平淡仓，或出售已经购买的期权）。假设你卖了一个行使价是400元的不备兑认购期权（赤裸的认购期权短仓），而目前的股价是395元。该期权将在一个月内到期，而该公司在两週内将宣布盈利。从历史经验，你知道股票价格可以在公佈财报时间前後很不稳定。在过去，一天之内股票价格向上或向下移动超过10%左右的情况已经发生了几次。

要避免你的赤裸认购期权短仓招致重大损失，你可以买一个等价认购期权，并且卖出价外的期权以降低成本，即看好认购跨价期权。如果股价确实直线上升，那麼从认购期权长仓的收益可以抵消从赤裸认购期权短仓的损失，而价外认购期权短仓的价值会下降一点点。然而，因为期权现在是接近到期，即使等价认购期权可以抵消赤裸认购期权短仓的损失，如果股票价格激增，尤其是仅一天的股价跳升，你将仍然面临著赤裸认购期权短仓被分配的危险。当这种情况发生，你就必须以行使价交付正股股票，这可能是比市场价格低得多。总之，你将不得不付出比市场价格更高的价格购买股票和接受较低的卖价，以履行期权分配的合同责任。除非你在赤裸认购期权短仓被分配同一时间平掉看好认购跨价期权的仓位，你会在一方面有亏损，在另一方面有不确定的利润。似乎平仓比通过购买抵消认购期权的风险较小。

如果问题是一个定价错误？如果期权离开到期日还有很多的时间，你可以等待，看看问题能否自动解决。如果你的投注是基於收益公式，那麼在到期日结果将按照公式发生。否则，即时平仓会是更安全的做法。

十二号框　　百度(BIDU):错误定价的一天？

在2012年2月1日，下午2时交易时间，百度的股价比前一天的上涨了少许。

它在约127.7元交易，而前一天收盘价是127.53元。如果你曾见过百度於2012年2月18日到期的期权的价格，你会看到，认购期权的价格已经如意料中比前一天走高了，因为愈高的股票价格会令认购期权更有价值。然而，如果你在同一时间看百度相同到期日和行使价的认沽期权的价格，你会看到这奇怪的景象：认沽期权的价格为也高於前一天的价格。例如，行使价为130元的价内期权的价格从6.51元上升到7.50元。行使价为110元的价外期权，价格从0.69元上涨到1.08元。

当股票价格上涨，认沽期权的价格为什麽增高？是否因为波动上升了？波动在当天没上升，在前一天也没有。此外，在2012年3月到期的认沽期权，其价格表现如预期：他们下降了，但是3月到期的认购期权的价格也落下！百度这个奇怪的期权价格行为没有明显的解释。唯一可能的解释是百度当天凌晨一个宣布的效果，表示季度盈利报告将会在2月16日发表。这个日期是比传言的日期早，但通常第四季度业绩是在一月底公佈的。

这来来回回的可能盈利公佈日期在期权交易中製成混乱，因为盈利公佈的月份由一月切换至叁月合约到期前，然後再改回至二月。它可能突然增加了2月18日到期的认沽期权和认购期权的需求，因为财报公佈是预定在两天後公佈。例如那些谁拥有百度的股票的人可能要购买认沽期权作保护的目的，而看好百度盈利的人可能希望从盈利宣佈时股价的飙升得益。因此，他们从叁月到期的期权切换到二月到期的期权。

若要验證这一理论的有效性，我们需要做更多的研究，但它听起来肯定是有可能的。期权定价模型并不一定能捕获影响期权价格的所有因素，因此，"错误定价"可能会不时出现。

投资者应该如何看待这种"错误定价"？我觉得，长远而言价格会回复"正确的价值"，在这期间，投资者可以尝试从这些状况中找到获利的机会。例如，当投资者抢购二月期权时，是否创造了一个超买的情况呢？如果是这样，我们可以尝试通过出售期权，从中获利！

其实，以上所述的"错误定价"的情况比我们想像的更经常发生。发生这类情况的一种情形是当股票价格在短时间内改变方向。这是一个例子提醒我们，我们不应该过分依赖理论公式来预测期权价格的方向。在现实中，影响股票期权价值的因素比大多数定价模型已捕捉到的更多。

7　股票期权在资产组合管理中的角色

传统上，投资组合经理视期权为衍生工具的一种，属於另类投资的篮子。我认为，通过选择特定的期权策略，我们可以选择使用期权作为我们的股票投资组合的一部分。

十三号框　　一篇关於策略的故事

就像投资股票，又或是在现实生活中，取胜的方式可以有许多。哪一个方式适合我们，取决於这个方式是否发挥我们的优势而避免了我们的弱点。正确策略的选择的重要性，最好的例證是中国一个古老的故事。在唐代，有两个老爷都喜欢马。他们都声称自己的马是全国最快。举办了很多场比赛，结果都是平局。有一天，两个老爷决定有最後一场比赛来决定谁可以真正称得上有最快的马。比赛有叁场，至少两站比赛的优胜者可以赢得马王的称号。

陈老爷把他跑得最快的马排在第一场比赛，第二个最快的马放在第二场比赛，第叁跑得最快的马跑最後比赛。徐老爷选择了不同的策略。他把他的第叁个跑得最快的马放在第一场比赛，跑得最快的马排在第二场比赛，而在最後一场比赛，他放第二最快的马。猜对了谁赢了没有奖品。

如果我们把期权作为我们的股票投资组合的组成部分（而股票投资组合又是在整个资产投资组合的子组合），期权在组合管理中的作用是什麽？

组合管理是指将一个人的所有可投资资产作为一个整体去管理，而不是个别管理的做法。不同类型的资产，如股票，债券，房地产，贵金属等被认为有不同的风险和回报特点，以及在同样的经济环境下不同的表现。利用他们之间的分歧,以改变整个投资组合的整体风险和回报状况是投资组合管理的精髓。

在组合管理中最有名的理论是由哈里•马科维茨(Harry Markowitz)开发的现代投资组合理论。马科维茨说,如果你在图上绘制每一个资产的回报率的标準偏差(standard deviation,作为衡量风险的标準)相对其资产回报率,然後同样处理这些资产的所有可能的组合,每一对标準偏差和其回报率由图上的一点代表,这些点合计看起来像一个向上倾斜的曲线(简称为效率边界)。下面的曲线说明,风险和回报之间往往需要权衡。我们想拥有更高的回报,往往要承担更高的风险。它也表明,拥有两个资产,而不是一个,是有可能增加预期回报率而不增加风险,或降低风险而没有减少回报。要实现这个令人难以置信的壮举,关键是要找到股票价格变动的路径不同的资产,即是具有低相关性(correlation)的资产。

Asset B - high risk high return
50% asset A plus 50% asset B
Asset A - low risk low return

上图包含两点代表两个不同资产的风险和回报,资产A和资产B。纵轴是资产的预期回报,而横轴是回报的标準偏差。图中有一条直线和一条曲线,把资产A和资产B两点连接在一起。直线代表了两个资产所有可能的组合的风险和回报,如果我们不理两个资产之间的相关性的影响,或两个资产的价格变动没有任何关联。例如，如果资产A的价格有变动，资产B的价格不变，和反之亦然，那麼这两个资产被认为具有零相关性。

我们还假设资产A和资产B有相同的回报-风险比率，即，如果我们将资产A的预期回报除以资产A的标準偏差的价格，我们将得到一个值，该值等於如果我们将资产B的预期回报除以资产B的标準偏差。这表示，连接这两个点的直线将通过图的（0，0）坐标，而且资产B的回报表现将会类似一个在资产A的更大投资。

连接两点的曲线是两个资产所有可能组合的联合风险和回报。如果两个资产的价格变动呈负相关，即当一个价格上涨，另外一个将下跌。对於某一个用这两个资产的组合，如50/50，我们可以从图上的箭头看到，曲线上的风险水平是降低了，而回报是相同，由纵轴上两个小圆圈的价值可见。

投资组合管理应该如何对待期权交易呢？传统上，期权与其他衍生工具被放在同一组，被认为是跟股票不同的资产类型。我宁愿把股票期权作为股票投资组合的一部分。如果我们的增强版股票组合与其他资产可以有一个比一个普通的股票投资组合较低的相关性，而且合併後的回报是至少没有比普通股票组合及其他资产的组合回报差，它会支持我们的看法，这就是，如果作为股票子组合的一部分处理，股票期权是可以提高整体投资组合的表现。

显然，有这麼多的期权策略，而且每一个策略都有其独特的风险和收益特徵，我们不可能把所有期权策略混为一谈，说这是一个包括股票期权的股票组合的综合性能。为了示範股票期权在成为股票子组合的一部分後在组合管理可能发挥的作用，我们选择了两个期权交易策略：保护性认沽期权和备兑认购期权。我们把这两种策略用於股票指数基金，SPY，这是一只交易所买卖基金，旨在複製標準普尔S＆P500指数的表现。SPY期权的结算是以股份的实物交收。在下面的框中是两种策略的描述。

十四号框　　试验模型

假设我们在开始时把10万美元的现金用来成立一个股票组合。无论是两种策略中哪一种，我们在开始时立即用现金购买尽可能多的股票。在2006年3月1日，SPY以每股125.19美元开市，这表示我们可以买789股，然后馀下98.38美元的现金。

SPY的保护性认沽期权

当SPY的价格在10个交易日内下跌3%或以上，我们将用投资组合的1%价值（如果没有足够的现金则出售股份），根据到期的天数调整（假设每月有30天），尽可能买行使价低於目前SPY价格至少5%的认沽期权（但不超过需要对冲的目前持股数量）。如果在当月到期的期权仍然有超过14个日曆天才到期，我们应买在当月到期的认沽期权，否则买在下一个近月到期的。策略的目的是保护组合至少一部分因SPY在短期内价格暴跌的损失。

我们会持有认沽期权直至到期。

一旦因为SPY下降而买了一批期权，只有当SPY的价格连续两个10个交易日每个期间下降超过3%，我们才会用投资组合的价值（不计期权仓位的市场价值）的1%购买另一批期权。如果叁个连续10天期间，每个期间SPY价格下降3%以上，我们也会买另一批期权，但在同一天买不超过一批的期权。在任何一个时间，我们不会有超过叁批期权的仓位。

每当现金馀额超过股价，我们将在第二天购买最高数量的股份。

SPY的备兑认购期权

买了的789股正股股票，可以用来备兑7张认购期权合约。在一个时段的开始，我们会出售数量等於所拥有的股份可以备兑的期权的最大数量的认购期权，行使价是现货价格的105%（按每月30天的计算来调整，也就是说，如果一个期权是在50天到期，它的行使价将需要高於在14天到期的期权）。

我们会出售在当月到期的认购期权，除非它们只有少於14个日曆天便到期，在这种情况下，我们将出售期权在下个月到期的认购期权。

如果期权被行使，我们会在很短的时间内（十天内）购回交付了的正股股份，首先尝试用行使价的99%作为买入价，如果不成功，便得以正股现货价格，这样我们就不必担心如果市场上升我们会错过获利的机会。

在期权到期前的任何时间，如果期权的行使价低於SPY现货价格，我们会假设如果时间值小於行使价的2%，期权将会被行使。这种假设可能有误差，因为期权买家可能决定在较高或较低的门槛行使期权。这种差异的结果是无法预测。

购回股份时，近月有至少十四日曆天才到期的认购期权将在第二天卖出，否则期权金的收入可能低过费用。

我们这个策略的目标是相比购买和持有SPY，每年投资组合的价值要有约2%的额外涨幅。

我们计算了这两个策略的表现与先锋总债券市场ETF（符号是BND）的表现的相关性。BND是一个试图追贴巴克莱资本美国综合流通量调整指数(Barclays Capital U.S. Aggregate Float Adjusted Index)的表现及在交易所买卖的债券指数基金。该指数衡量一大组美国投资级固定收益债券的回报。因为BND在2007年年中推出，相关率是用此债券指数基金和我们两个增强版股票组合从

2008年1月至2011年12月的月度数据计算。我们修改了BND的数据以包括再投资的回报，来模拟如果BND拨回股息来购买更多基金单位的表现。

这是我们的回溯测试的结果：

	与BND的相关性
购买和持有SPY	0.166
有保护性认沽期权的SPY	0.080
有备兑认购期权的SPY	0.219

如果两个资产的相关率是一，这表示他们完全相关：当一个资产的价值上升了，另一个的价值也是上升。相关率是-1意味著这两个资产有完全负相关：当一个资产的价值朝著一方走，另一个的价值朝相反的方向移动。一个资产跟本身的相关率是一。上表所示的叁个股票组合与BND有正相关，但相关率是颇低。这意味著，如果BND的投资者决定切换她的一部分资产到叁个股票组合中的任何一个，她将有机会获得更高（或更低）的回报，而没有增加总投资组合的价值多少波动（衡量风险的方法之一）。叁个股票组合之中，有保护性认沽期权的SPY的股票组合提供了与BND较低的相关性，因此，波幅率增加的可能性，会比购买和持有SPY的投资组合低。

虽然许多投资者视低波动为优点，所有投资者都关注回报的水平。两个或以上资产组合的总回报是个别资产的加权平均回报。一个资产与其他资产相结合，只有当整体回报不会降低及不会大大提高波幅率时才会增强风险和收益特徵。现在，让我们找出叁个股票组合之中，哪一个如果加上BND是可以给最好的结果，如果过去的表现会重复发生。

	2008-2011总回报
买和持有SPY	-14.15%

购买和持有SPY包括再投资	-7.02%
有保护性认沽期权的SPY	0.07%
有备兑认购期权的SPY	0.17%
BND	25.62%
BND包括再投资	46.08%

在四年期间，叁个股票组合的回报成绩比BND差。为了节省时间，我已经不包括两个股票与期权组合的股息再投资，但结果都不太可能有所不同：他们比SPY购买和持有的投资组合有更好的回报，有保护性认沽期权的SPY比SPY购买和持有组合有更低的BND相关率。因此，我们的两个股票与期权组合似乎有可能成为BND的好的合作夥伴以实现更高的回报与较小的波动性增加。

各个股票投资组合的表现

由於2008年的全球金融危机，债券在2008年的回报成绩比股票更好。为了用较长时间来比较叁个股票投资组合，我计算了叁个投资组合从2006年到2011年6年期间的回报率。

	购买和持有SPY(不包括再投资)	有保护性认沽期权的SPY	有备兑认购期权的SPY
2011	-0.20%	2.27%	6.32%
2010	12.83%	8.04%	16.15%
2009	23.46%	15.46%	37.05%
2008	-38.25%	-15.47%	-31.10%
2007	3.24%	0.78%	4.10%
2006	13.11%	9.14%	13.97%
整体	0.24%	18.63%	38.34%

虽然包括股息再投资或会提高购买和持有SPY的表现，我怀疑这将足以改变结论，即是，在分析期间，备兑认购期权和保护性认沽期权策略提高了股票组合的表现。我测试的时段不够长，不足以让我说这些策略长远来说在所有情况下也将有效。从上面的结果，我们可以说，当股市处於极度紧张的时候保护性认沽期权策略很可能减少损失，而在正常股市情况下备兑认购期权策略可能略为提高股票组合的表现，在高波动期间，则更可以在几段的时间内，为股票组合显著增益。

8 结论

我希望这本书提供了易於理解的期权基本特徵解释，它们是如何交易的，影响期权价格的主要因素，以及常见的期权策略。我希望我已经说服你期权是股票投资的有用同伴。你已经看到期权如何在纯股票投资技巧无能为力的情况下可以帮助我们获利，以及如何用他们来保护我们的股票收益，如果我们能够谨慎执行的话。一旦我们明白并接受他们可以是戏剧性和看似不羁的特点，期权可以被有效地和安全地使用。

你不仅有很多方法可以使用期权，你更可以（谨慎地）选择使用期权以符合你的投资心理和习惯，例如你使用期权的频率，你监察仓位的密切程度，以及你能承受的风险水平。你可能留意到，我用了很长的篇幅来解释四个非常基本的期权策略，因为一旦你了解这些策略，你可以自己推断出相当複杂的策略的运作逻辑。

书中还举了两个股票和股票期权一起用，以提高整个组合在组合管理中的风险调整後的绩效的例子。我们看到了同一个期权策略如何在一定的市场/股票情况有非常好的功效，在其他情况下只有马马虎虎的表现。这是提醒我们，我们不应该指望一个期权策略，在任何情况下都有类似的功效。

有證据显示，越来越多的股票投资者觉得有必要使用期权来提高股票的回报。只要看看在2012年2月在雅虎财经发表的一篇文章（在下面摘录）。它一口气建议了叁个让投资者从当时的情况下获利的期权策略。（读完这本书，你现在应该没有困难认出这些期权策略。但是你能发现它的错误吗？）对於那些知道如何买卖期权的人来说，这是一个良好的发展，因为越高的资产流动性，大家的成本会越降低。这也意味著，不少投资者认为在可预见的未来，股票相对於所涉及的风险，是不可能产生足够的回报。在我看来，在我们有生之年，期权交易将成为股市投资的一个必要组成部分。

十五号框　　关於使用股票期权的媒体文章
来源: http://finance.yahoo.com/news/markets-greece-deal-wheres-big-192128562.html
CNBC,　10 Feb 2012

市场得到希腊的协议，大反弹在哪里？

"......等待希腊的问题解决，和预测美联储是否以及何时将推出被称为第叁轮量化宽松政策的资产购买，这个动态情况製造了一个投资者的困境。央行上週表示，将保持接近零的贷款利率并暗示QE3是在视野之内。

一些投资者已经实施更严格的安全策略，以準备新一轮的不稳定状况。

"除非欧洲局势在一个意想不到的方式得到解决—市场上已经考虑到许多情况—一个大量多元化的槓铃策略帮助了客户，"昆西歌斯比，保诚年金在美国新泽西州纽瓦克的首席市场策略师，说。

策略涉及集中拥有年金和防禦性股票，如主粮，公用设施和医疗保健—值得注意的是，它们是今年表现得最差的股票—和拨出少量的资金给高风险的策略例如股票期权......

期权使用起来确实涉及相当大的风险，而不适合没有经验的投资者。

但随著市场的主要的恐惧衡量指标，芝加哥期权交易所（CBOE）波幅率指数（INDEX：VIX）到达七个月来的最低水平，下行保护是相当便宜的。

"你可以买到便宜的认沽期权，你可以买到便宜的认购期权，"里克贝式俄Bensignor，美林證券驻纽约的首席市场策略师就可以让持有人在一定的水平分别购入或卖出股票的股权表示。"如果你认为市场有机会变得不稳定，这会是一个合适的策略。波幅便宜得足以令期权变成为比股票更好的赚钱方式。"

在2012年的早期阶段，期权交易量一直在节节攀升，平均每天约1千7千万张合约，期权结算公司在十一月和十二月成交量已经放缓，但在十月一天有近1千9千万份合约。

在这种投资气候下，聪明的投资者会出售他拥有的高品质公司的股票的认购期权，在芝加哥的史特兰Stutland波动集团的负责人史特兰布赖恩说。策略涉及出售认沽期权，好让持有人在指定价格和日期购买股票，同时也保留股票升值的收益。

"你可以降低盈亏平衡点，"他说，指的是拥有股票的人可以赚钱的股票价格点。"你几乎是创造一种人工合成的股息然後支付给自己。"

對於那些不找大的市场动作的投资者，另一种策略是出售只是稍微价外一或低於目前的价格一的认购期权以增加在市场不发生大的变化时仍然可以有回报的机会。

全球舞台投资管理公司的首席市场策略师迈克尔·科恩，采用了这种方式的轻微变种一他实际上购买一个交易所买卖基金的稍微价外的认购期权，这交易所买卖基金在股市下跌时升值。

这些认购期权的期权金价格是相对低廉，如果市场的涨势耗尽和开始走低，它可以让科恩从市场获得利润......"

(作者負責從英文翻譯到中文)

附录甲　　　中英文词彙对照表

	同义词	英文
正股	标的股票	Underlying stock
仓位	持仓	position
开仓		Open a position
平仓		Close a position
交收		Delivery，settlement
期权指定分配		Options assignment
长仓		Long position
短仓	淡仓/空头头寸	Short position
期权的买方	期权持證人	Options buyer/holder
期权的卖方	期权沽权人	Options seller/writer
认股證	股票权證	Stock warrant
二元化期权		Binary options
期权金		Options premium
期权按金	期权保證金	margin
认购期权		call options
备兑认购期权短仓		Covered call
不备兑认购期权短仓	卖空认购期权/赤裸的认购期权短仓	Naked short call
认沽期权		Put options
保护性认沽期权		Protective put
有现金抵押认沽期权		Cash secured short put
收益	回报	Payoff
盈亏图		Profit/loss graph
盈亏平衡价	打和点	Breakeven price
行使价	履约价	Exercise price/strike price
德耳塔值		Delta
伽马		Gamma
斯特		Theta
维加值		Vega
波幅率		Volatility
隐含波幅率		Implied volatility
内在价值		Intrinsic value
时间值损耗		Time decay

期权的收益状况		Moneyness of options
等价期权	平价期权	At the money
价内期权		In the money
价外期权		Out of money
到期日		Expiration date
市价计值	逐日盯市制度	Mark to market
收市价	收盘价	Closing price
无风险利率		Riskless interest rate
限价盘		Limit order
止蚀盘		Stop order
安全馀量		Margin of safety
看好认购跨价组合		Bull call spread
看好认沽跨价组合		Bull put spread
看淡认购跨价组合		Bear call spread
看淡认沽跨价组合		Bear put spread
马鞍式组合		straddle
勒束式组合		strangle
沽出勒束式组合		Short strangle
铁秃鹰组合		Iron condor
反向铁蝴蝶组合		Reverse iron butterfly
认沽背向跨价组合		Put backspread
衣领组合	上下限组合	collar
长期预测證券		LEAPS
风险和收益特徵		risk and return profile
相关性		correlation
效率边界		Efficient frontier
扣数交易		debit trade
进帐交易		credit trade
对冲		hedge
布莱克斯科尔斯期权定价模型	同义词	Black-Scholes options pricing model

INDEX

到期週期 · 24
期權定價模型 · 33
鐵禿鷹組合 · 110
賣空認購期權 · 67
現代投資組合理論 · 130
行使期權 · 23
認股證 · 12
歐式期權 · 8, 20
時間值 · 22
跨期組合 · 83
隱含波幅率 · 42
相關性 · 130
認購期權 · 7, 90, 102
時間值損耗 · 54
價外期權 · 20, 59
按金 · 27
美國聯邦儲備局 · 1
安全餘量 · 47
槓桿作用 · 11, 58
自動行使 · 24

價內期權 · 20
跨價組合 · 83
長期預測證券 · 56
行使價 · 7
標準偏差 · 39
深入價內認購期權 · 58
期權等價公式 · 124
盈虧平衡股價 · 82, 112
美國期權結算公司 · 7
沽出勒束式組合 · 103
止蝕盤 · 49
指定分配 · 25
市價計值 · 68
美式期權 · 8
效率邊界 · 130
期權金 · 13
勒束式組合 · 101
看淡認沽跨價組合 · 90
佣金 · 26, 98